La traducción jurada de certificados de registro civil

# STUDIEN ZUR ROMANISCHEN SPRACHWISSENSCHAFT UND INTERKULTURELLEN KOMMUNIKATION

Herausgegeben von Gerd Wotjak

## BAND 123

PETER LANG

Julia Lobato Patricio, Adrián Granados Navarro

# La traducción jurada de certificados de registro civil

## Manual para el Traductor-Intérprete Jurado

PETER LANG

**Bibliografische Information der Deutschen Nationalbibliothek**
Die Deutsche Nationalbibliothek verzeichnet diese Publikation
in der Deutschen Nationalbibliografie; detaillierte bibliografische
Daten sind im Internet über http://dnb.d-nb.de abrufbar.

Ha contribuido a la financiación de esta obra el Departamento
de Filología y Traducción de la Facultad de Humanidades de la
Universidad Pablo de Olavide de Sevilla.

ISSN 1436-1914
ISBN 978-3-631-74314-0 (Print)
E-ISBN 978-3-631-74335-5 (E-PDF)
E-ISBN 978-3-631-74336-2 (EPUB)
E-ISBN 978-3-631-74337-9 (MOBI)
DOI 10.3726/b13114

© Peter Lang GmbH
Internationaler Verlag der Wissenschaften
Berlin 2018
Alle Rechte vorbehalten.
Peter Lang Edition ist ein Imprint der Peter Lang GmbH.

Peter Lang – Berlin ·Bern ·Bruxelles ·
New York ·Oxford ·Warszawa ·Wien

# Contenido

6

# Siglas y abreviaturas que aparecen en el manual

| | |
|---|---|
| D. C. (Washington D. C.): | District of Columbia/Distrito de Columbia |
| EE. UU.: | Estados Unidos |
| GRO: | General Register Office (RU) |
| LM: | lengua meta |
| LO: | lengua de origen |
| NARA: | National Archives and Records Administration (EE. UU.) |
| NCHS: | National Center for Health Statistics (EE. UU.) |
| OIL: | Oficina de Interpretación de Lenguas (España) |
| RU: | Reino Unido |
| TIJ: | Traductor/a-Intérprete Jurado/a |
| TM: | texto meta |
| TO: | texto original |

# 1. Introducción

Resulta inquietante o, cuando menos, llamativo, que la profesión del Traductor-Intérprete Jurado (en adelante TIJ) en España, con cerca de 14000[1] TIJ autorizados en 24 idiomas, aún no cuente con unos criterios unificados ni una normativa que regule el ejercicio profesional desde un punto de vista metodológico. La última normativa[2] sí establece algunos aspectos formales como por ejemplo la información que debe contener el sello o la fórmula fedataria que el traductor debe consignar al final de la traducción. No obstante, esta deja otros muchos sin aclarar, como el tamaño, la forma y el color del sello; si este se puede consignar en todas las páginas o solo en la última; qué hacer cuando parte de la información del texto original es ilegible o aparece tachada; qué hacer con los nombres propios o las fechas, y un largo etcétera. La novedad que introduce esta ley y que hasta ahora no se había regulado es el hecho de que, desde su entrada en vigor, es obligatorio incluir tras la traducción una copia del documento original debidamente sellado y fechado por el TIJ. Sin embargo, tampoco se especifica si, además de fechar y sellar la copia del texto original, esta se debe firmar —lo cual conferiría un rasgo más de seguridad y control al texto original a partir del que se ha traducido—. Asimismo quedan sin regular otros aspectos como el tipo de papel, la tipografía o la superestructura de una traducción jurada.

Por este motivo, hemos creído necesaria la publicación del presente manual, en el que pretendemos ofrecer una guía para la realización de las traducciones juradas, no solo al TIJ (y a aquellos traductores que deseen prepararse para el examen que da acceso al nombramiento), sino también a los formadores y a los investigadores de este ámbito especializado de la traducción.

---

1 Según el último listado de TIJ del MAEC, actualizado a 1 de febrero de 2017 y disponible en: http://www.exteriores.gob.es/Portal/es/ServiciosAlCiudadano/Documents/listado%201%20de%20febrero.pdf [Último acceso el 2 de marzo de 2017].

2 Orden AEC/2125/2014, de 6 de noviembre, por la que se dictan normas sobre los exámenes para la obtención del título de Traductor-Intérprete Jurado.

Esta obra está particularmente dedicada a la traducción jurada de documentos expedidos por el registro civil relativos a nacimientos, matrimonios y defunciones, en la combinación lingüística inglés-español; no obstante, a excepción del corpus, resulta asimismo de utilidad en el marco de la traducción jurada en general y en el de otras combinaciones lingüísticas. En ella abordamos una muestra documental bilingüe lo suficientemente significativa, a partir de la cual pretendemos ofrecer resultados representativos y útiles para el TIJ que se enfrente a este tipo de documentos. El corpus está compuesto por más de 35 documentos, todos ellos procedentes de encargos reales de traducción jurada en la combinación lingüística mencionada anteriormente. Esto aporta, a nuestro parecer, un valor añadido al estudio, ya que refleja de primera mano la casuística de la realidad profesional y los problemas de traducción frecuentes a los que el TIJ se enfrenta en su ejercicio profesional.

Abrimos este manual con un capítulo dedicado a la legalización de documentos públicos —el proceso requerido para que los documentos públicos extranjeros tengan validez ante la Administración—. A continuación, ofrecemos una breve explicación del funcionamiento y estructura del Registro Civil en España, en el Reino Unido y en los Estados Unidos. En el siguiente capítulo, exponemos un resumen de la normativa relativa a la traducción jurada en España, en el que destacamos los cambios introducidos por la normativa de 2014 y los preceptos que están actualmente en vigor. A partir de aquí pasamos a la parte más práctica de este manual, en la que ofrecemos al TIJ las herramientas necesarias para poder realizar una traducción jurada de calidad. A continuación, describimos la superestructura de una traducción jurada genérica y, ya en el siguiente capítulo, nos centramos en la comparación entre la macroestructura de los documentos registrales objeto de nuestro estudio, contrastando los certificados de España con los del Reino Unido y los de Estados Unidos. En el siguiente capítulo, tratamos los aspectos metodológicos que el TIJ necesita conocer cuando se enfrenta a una traducción jurada. Incluimos también un apartado dedicado a las técnicas de traducción que con más frecuencia se emplean en traducción jurada. Finalmente, ofrecemos la traducción jurada (junto a su correspondiente texto original) de algunos de los encargos reales que forman parte del corpus en el que hemos basado nuestro estudio. Tras la bibliografía podemos encontrar un índice de las imágenes y otro de las tablas incluidas en este manual.

# 2. La legalización de documentos públicos

Uno de los encargos más frecuentes del TIJ es la traducción jurada de documentos que vayan a ser presentados ante una Administración, ya sea de documentos públicos (o documentos privados elevados a públicos notarialmente) españoles que deban tener validez en el extranjero, o de documentos públicos extranjeros que deban tener validez en España. En el caso de que un documento español deba surtir efectos en el extranjero, es necesario igualmente legalizar la traducción jurada del mismo. Por ello, es conveniente que el TIJ esté familiarizado con este proceso.

Empecemos por la definición de *documentos públicos*. Según el artículo 1216 del Código Civil español, son documentos públicos los autorizados por un Notario o empleado público competente, con las solemnidades requeridas por la ley. Estos incluyen todos los documentos dimanantes de una autoridad o funcionario vinculado a una jurisdicción del Estado (como documentos judiciales o administrativos) y las certificaciones oficiales que hayan sido puestas sobre documentos privados, tales como la certificación del registro de un documento, la certificación sobre la certeza de una fecha, y las autenticaciones oficiales y notariales de firmas en documentos de carácter privado.

No obstante, es importante recordar que el TIJ no solo trabaja con dos lenguas distintas, sino también con dos culturas y dos ordenamientos jurídicos diferentes. Por ello, las funciones que ejerce cada colectivo (como por ejemplo, el de los notarios) o las competencias de cada organismo pueden no corresponderse con las españolas.

En España, la administración[3] exige que para que un documento público extranjero tenga validez, este debe ser legalizado. La legalización es un acto

---

3 Información obtenida del sitio web del Ministerio de Asuntos Exteriores y de Cooperación de España, disponible en: http://www.exteriores.gob.es/Portal/es/ ServiciosAlCiudadano/SiEstasEnElExtranjero/Paginas/Legalizaciones.aspx y del sitio web del Ministerio de Empleo y Seguridad Social de España, disponible en: http://extranjeros.empleo.gob.es/es/InformacionInteres/InformacionProce dimientos/Ciudadanosnocomunitarios/hoja098/index.html [Último acceso el 2 de octubre de 2017].

administrativo por el que se comprueba la autenticidad de la firma puesta en un documento y la calidad en que la autoridad firmante del documento ha actuado. Salvo que exista Convenio, Tratado o Acuerdo específico que exima de legalizar los documentos de un determinado país que se requieran en un procedimiento administrativo en España, estos se deberán presentar, dependiendo del país que los haya expedido, legalizados de alguna de las siguientes maneras:

- Mediante la Apostilla de La Haya, si el país que expide el documento es parte[4] en el Convenio de La Haya, de 5 de octubre de 1961. El Convenio XII de la Conferencia de La Haya de Derecho Internacional Privado entró en vigor en España el 25 de septiembre de 1978, y configuró la Apostilla expedida por la autoridad competente del Estado del que dimanase el documento como la única formalidad exigible para certificar la autenticidad de la firma, la calidad en que el signatario del documento ha actuado y, en su caso, la identidad del sello o timbre del que el documento está revestido.

- Mediante legalización por vía diplomática. Este es el procedimiento para legalizar los documentos públicos extranjeros de los Estados que no son parte en el Convenio de La Haya. El documento deberá ser legalizado por la correspondiente Embajada o Consulado de España con jurisdicción en el país en el que se ha expedido, y contener la firma de legalización de la Embajada o Consulado, junto con la preceptiva etiqueta de seguridad.

El documento público deberá estar traducido al castellano o, en el supuesto de que la tramitación corresponda a órganos con sede en el territorio de una Comunidad Autónoma, a la lengua que sea cooficial en ella. El Ministerio de Asuntos Exteriores y de Cooperación solamente admitirá las siguientes traducciones:

- Las efectuadas al castellano por un TIJ autorizado por el Ministerio de Asuntos Exteriores y de Cooperación, o las efectuadas al idioma cooficial de la Comunidad Autónoma por un TIJ autorizado por dicha Comunidad.

---

4  La lista de Estados parte del Convenio de la Haya está disponible en: http://www.hcch.net/index_es.php?act=states.listing [Último acceso el 3 de octubre de 2017].

- Las traducciones efectuadas o asumidas como propias por:
  - Las Misiones diplomáticas u Oficinas consulares de España en el extranjero. Estas deberán llevar su sello de cotejo o traducción debidamente firmado y, posteriormente, deberán pasar por el Ministerio de Asuntos Exteriores y de Cooperación (Sección de Legalizaciones) para que este legalice la traducción y le ponga la preceptiva etiqueta de seguridad.
  - Las Misiones diplomáticas u Oficinas consulares del país de origen del documento en España. Estas deberán estar apostilladas o legalizadas por el Ministerio de Asuntos Exteriores y de Cooperación (Sección de Legalizaciones) y contener la preceptiva etiqueta de seguridad.

Para aquellos documentos emitidos por las autoridades españolas que vayan a tener efecto en el extranjero, el interesado deberá consultar en cada caso a la embajada o consulado del país en donde el documento vaya a surtir efecto si la traducción oficial española (del español a otro idioma) es válida por sí misma allí. En caso contrario, esta deberá ser legalizada en el Ministerio de Asuntos Exteriores y de Cooperación.

En cuanto a la Apostilla, los funcionarios y autoridades competentes para realizarla en España son los establecidos por el Real Decreto 1497/2011, de 24 de octubre. En general, son los siguientes[5]:

a) Los Secretarios de Gobierno de los Tribunales Superiores de Justicia y de las ciudades de Ceuta y Melilla o quienes les sustituyan legalmente, así como en quienes estos deleguen en las respectivas Secretarías de Gobierno.

b) El titular de la Unidad del Ministerio de Justicia que tenga atribuida en cada momento la competencia en materia de información y atención al ciudadano o quienes los sustituyan legalmente, así como en quienes estos deleguen.

c) Los Gerentes Territoriales de las Gerencias Territoriales que el Ministerio de Justicia tiene distribuidas por todo el territorio nacional, o quienes los

---

5  Existen algunas excepciones. Por ejemplo, el grupo *d* no podrá realizar la Apostilla de los documentos judiciales, y solo el grupo *a* podrá realizar la Apostilla de los documentos emitidos por las autoridades o funcionarios judiciales competentes del Tribunal Supremo y de la Audiencia Nacional.

sustituyan legalmente, así como en quienes estos deleguen en las propias Gerencias Territoriales.

d) Los Decanos de los Colegios Notariales o quienes hagan sus veces reglamentariamente, así como aquellos otros Notarios en quienes estos deleguen.

En el anexo al convenio pueden consultarse los modelos de Apostilla:

*Tabla 1: modelo certificado (Apostille) versión trilingüe (Fuente: Conferencia de La Haya de Derecho Internacional Privado)[6]*

| APOSTILLE (Convention de La Haye du 5 octobre 1961) | |
|---|---|
| 1.  País: Country / Pays : | |
| El presente documento público This public document / Le présent acte public | |
| 2.  ha sido firmado por has been signed by a été signé par | |
| 3.  quien actúa en calidad de acting in the capacity of agissant en qualité de | |
| 4.  y está revestido del sello / timbre de bears the seal / stamp of est revêtu du sceau / timbre de | |
| Certificado Certified / Attesté | |
| 5.  en at / à | 6.  el día the / le |
| 7.  por by / par | |
| 8.  bajo el número Nº / sous nº | |
| 9.  Sello / timbre: Seal / stamp: Sceau / timbre : | 10.  Firma: Signature: Signature : |

---

6 Disponible en: https://www.hcch.net/es/publications-and-studies/details4/?pid=5190 [Último acceso el 18 de septiembre de 2017].

Por último, de acuerdo con la normativa aplicable en cada caso, los siguientes documentos están exentos de legalización, aunque no de traducción al español si originalmente están redactados en un idioma distinto a este:

– Los documentos académicos que se presenten en los registros de las Embajadas y Consulados de España.
– Los documentos académicos que se presenten en el registro del Ministerio de Educación de España.
– Los documentos extranjeros que hayan sido legalizados por los Consulados o Embajadas de España en el extranjero que porten una etiqueta transparente de seguridad.

# 3. El Registro Civil en España, el Reino Unido y los Estados Unidos

## 3.1. El Registro Civil en España

Dentro de los documentos públicos a los que tan a menudo se enfrenta el TIJ, algunos de los más frecuentes son los emanados del Registro Civil. El Registro Civil es un registro público dependiente del Ministerio de Justicia que tiene por objeto hacer constar oficialmente los hechos y actos que se refieren al estado civil de las personas y aquellos otros que determine la Ley.

Tal y como se indica en la *Enciclopedia jurídica* de la editorial La Ley (Arnaldo, 2010), el *estado civil* es un concepto que proviene del Derecho romano y que, pese a ser utilizado en todo tipo de textos oficiales, no está definido en nuestro ordenamiento jurídico. Por *estado civil*, no entendemos exclusivamente el estado de soltero, casado, viudo o divorciado; sino la situación en la que se encuentra una persona según sus circunstancias y la legislación, y a la que el ordenamiento concede ciertos efectos jurídicos. Existen distintos criterios para clasificar los estados civiles: por el matrimonio (el estado de soltero, casado, viudo o divorciado), por la filiación (el de hijo o progenitor), por la nacionalidad (español, extranjero o apátrida), por la edad (mayor o menor de edad), por la capacidad (capaz o incapacitado) y también según la vecindad civil (la del territorio correspondiente).

En concreto, en España, el Registro Civil está regulado por la Ley 20/2011, de 21 de julio, y en él se inscriben:

- El nacimiento.
- La filiación.
- El nombre y apellidos y cambios sobre los mismos.
- La emancipación y habilitación de edad.
- Las modificaciones judiciales de la capacidad de las personas o que estas han sido declaradas en concurso, quiebra o suspensión de pagos.
- Las declaraciones de ausencia o fallecimiento.
- La nacionalidad y vecindad.
- La patria potestad, tutela y demás representaciones que señala la Ley.

- El matrimonio.
- La defunción.

Para ello, el Registro Civil se organiza en cuatro secciones:

- La primera, de Nacimientos y general.
- La segunda, Matrimonios.
- La tercera, Defunciones.
- La cuarta, Tutelas y representaciones legales.

Institucionalmente, el Registro Civil es único. Sin embargo, conforme al artículo 20 de la Ley del Registro Civil, este se encuentra integrado por una Oficina Central, por Oficinas Municipales y por Oficinas Consulares. Cabe destacar, por su relevancia para el TIJ, la función de la Oficina Central de practicar la inscripción de los documentos auténticos extranjeros judiciales y extrajudiciales y certificaciones de asientos extendidos en Registros extranjeros.

El Registro Civil constituye la prueba de los hechos inscritos en él y es público para quienes tengan interés en conocer los asientos, salvo para los datos con publicidad restringida. Estos datos están especialmente protegidos y el acceso a ellos está supeditado a una autorización. Según el artículo 83 de la Ley 20/2011, estos datos son:

- La filiación adoptiva y la desconocida.
- Los cambios de apellido autorizados por ser víctima de violencia de género o su descendiente, así como otros cambios de identidad legalmente autorizados.
- La rectificación del sexo.
- Las causas de privación o suspensión de la patria potestad.
- El matrimonio secreto.

Para el resto de datos, cualquiera puede pedir un certificado. Estos certificados —o certificaciones, tal y como es aceptado terminológicamente por el Registro Civil— pueden ser positivos (indican que el hecho que origina la consulta sí está inscrito en ese registro), negativos (se expide cuando el hecho que origina la consulta no está inscrito en ese registro) o electrónicos (solo para certificados de nacimiento y de matrimonio).

A) Certificado Positivo: los certificados positivos pueden ser en extracto (y estos a su vez ordinarios, internacionales o bilingües) o literales.

- Extracto: es un resumen de la información relativa al hecho que consta en el Registro Civil. Puede ser de distintos tipos:
  - Ordinarios: es el expedido en lengua castellana para aquellas comunidades autónomas cuyo único idioma oficial sea el castellano.
  - Internacional o plurilingüe: es el destinado a surtir efecto en los países que hayan ratificado el Convenio de Viena de 8 de septiembre de 1976. Este certificado se expide en el idioma oficial de todos los países firmantes del citado convenio (España, Alemania, Austria, Bélgica, Francia, Grecia, Italia, Luxemburgo, Holanda, Portugal, Suiza, Turquía, Eslovenia, Croacia, Macedonia, Bosnia, Serbia, Polonia, Montenegro, Moldavia, Lituania, Estonia, Rumanía y Bulgaria).
  - Bilingüe: siempre que se solicite un certificado en extracto en una Comunidad Autónoma que tenga su propio idioma oficial, este será emitido en castellano y en el idioma oficial de la Comunidad Autónoma en el que se expida.
- Literal: es una copia literal del asiento en el que el hecho está inscrito, conteniendo todos los datos relativos a la identidad y al hecho en cuestión.

B) Certificado Negativo: acredita que el hecho no está inscrito en ese Registro Civil.

C) Certificación con sello electrónico de la Dirección General de los Registros y del Notariado: servirá para acreditar los datos contenidos en los asientos registrales informatizados y digitalizados de la base central de datos que se hayan practicado a partir del 1 de Enero de 1950 en los Registros Civiles Municipales o en el Registro Civil Central. No podrán expedirse certificaciones por este procedimiento cuando los asientos se practicasen antes de 1950 o se hubieran realizado en un Registro Civil delegado (jueces de paz) o en un Registro Civil Consular.

Entre todos los certificados que pueden ser expedidos por el Registro Civil, tres[7] son los más relevantes en cuanto a la frecuencia con que son objeto de encargos de traducción jurada:

---

7   El Registro Civil también puede expedir un certificado de *fe de vida y estado*, que acredita que una persona está viva y cuál es su estado civil (esta vez sí entendido como estado de soltero, casado, divorciado o viudo). Este se requiere

– El certificado de nacimiento, que da fe del hecho del nacimiento, de la fecha en que tuvo lugar, del sexo y, en su caso, de la hora en que se produjo el nacimiento y de la filiación del inscrito.
– El certificado de matrimonio, que hace fe del acto del matrimonio y de la fecha, hora y lugar en que acontece.
– El certificado de defunción, que es el documento oficial que acredita el fallecimiento de una persona[8].

Al no haber disponibles modelos de certificados de nacimiento, matrimonio o defunción españoles en blanco, mostramos a continuación un ejemplo real de cada uno de ellos.

---

en muchos casos para contraer matrimonio y puede también ser objeto de traducción jurada.

8 Información obtenida de la sección de "Trámites personales" del Ministerio de Justicia. Disponible en: http://www.mjusticia.gob.es/cs/Satellite/Portal/es/servi cios-ciudadano/tramites-gestiones-personales [Último acceso el 13 de septiembre de 2017].

*Imagen 1: certificado de nacimiento español (Fuente: encargo profesional)*

MINISTERIO DE JU... Página 1/2

**Tomo:** ▮▮▮▮▮   **P:** ▮▮▮  REGISTROS CIVILES

Registro Civil de Sevilla

**Sección 1ª**   Certificación Literal

(3-3) DATOS DEL INSCRITO
 (8-3) Nombre : B▮▮▮
 (7-3) Primer apellido : R▮▮▮
 (7-3) Segundo apellido : L▮▮▮
Sexo : (3-4-1) VARÓN
(9-4-4) Hora de nacimiento : diecisiete horas veinticinco minutos
(9-7-3) Fecha de nacimiento : trece de marzo de dos mil quince
(2-4-3) Lugar : SEVILLA , HOSPITAL SANTA ANGELA DE LA CRUZ - VIAMED
(2-1-1-3) Provincia : SEVILLA (2-1-1) País : ESPAÑA
(3-1) PADRE
(8-1) Nombre : G▮▮▮ (7-1) Apellidos : R▮▮▮ S▮▮▮
(10-1-1-1) DNI : ▮▮▮▮
(8-1) hijo/a de : J▮▮ M▮▮▮ (8-2) y de : M▮▮ D▮▮▮
(2-4-1) nacido/a en : BADAJOZ
(2-1-1-3) Provincia : BADAJOZ (2-1-1) País : ESPAÑA
(9-7-1) fecha : once de noviembre de mil novecientos ochenta y tres
(4-1) Estado : (4-1-1) CASADO/A (6-1-1) Nacionalidad : ESPAÑA
(2-1-2) Domicilio : (2-1-3-6) C/ ▮▮▮▮
(2-1-3-2) SEVILLA (2-1-1-3) Provincia : SEVILLA (2-1-1) País : ESPAÑA
(8-1) MADRE
(8-2) Nombre : J▮▮ I▮▮▮ (7-2) Apellidos : L▮▮▮ P▮▮▮
(10-1-1-1) DNI : ▮▮▮▮
(8-1) hijo/a de : J▮▮ L▮▮ (8-2) y de : M▮▮ DEL V▮▮
(2-4-2) nacido/a en : ROTA
(2-1-1-3) Provincia : CÁDIZ (2-1-1) País : ESPAÑA
(9-7-2) fecha : treinta de enero de mil novecientos ochenta y dos
(4-1) Estado : (4-1-2) CASADA/O (6-1-2) Nacionalidad : ESPAÑA
(2-1-2) Domicilio : (2-1-3-6) C/ ▮▮▮▮
(2-1-3-2) SEVILLA (2-1-1-3) Provincia : SEVILLA (2-1-1) País : ESPAÑA
MATRIMONIO DE LOS PROGENITORES : CONSTA POR EXHIBICION DEL LIBRO
DE FAMILIA
Fecha de celebración : dieciséis de junio de dos mil doce
Lugar : ROTA
(2-1-1-3) Provincia : CÁDIZ (2-1-1) País : ESPAÑA
Tomo : 63 Página : 177 Registro civil de : ROTA
DECLARANTE D./Dña. : EL PADRE
COMPROBACION D./Dña. : ▮▮▮▮
en calidad de : MÉDICO Nª de colegiado : ▮▮
Hora : diez horas treinta y siete minutos
Fecha : dieciocho de marzo de dos mil quince
-------------------------------------------------
-------------------------------------------------
      (SIGUEN FIRMAS)
-------------------------------------------------

Funcionario Delegado D./Dña : SANTIAGO AREVALO MOYA
REGISTRO CIVIL DE SEVILLA

N.° ▮▮▮▮▮▮▮ /▮▮
Certificación librada con fecha 21-10-2016

23

## Imagen 1: *certificado de nacimiento español (Fuente: encargo profesional)*

MINISTERIO DE JU Página 2/2

REGISTROS CIVILES
ESPAÑA

**Registro Civil de Sevilla**

**Sección 1ª**     Certificación Literal

CERTIFICO que la presente certificación literal expedida con la autorización
prevista en el art. 26 del Reglamento del Registro Civil, contiene la reproducción
íntegra del asiento correspondiente obrante en Tomo ▮▮▮▮▮ página ▮▮▮
de la Sección   1ª   de este Registro Civil.

CERTIFICACIÓN EXPEDIDA AL SOLO EFECTO DE OBTENCIÓN DEL
PASAPORTE (Real Decreto 411/2014).

Sevilla , veintiuno de octubre de dos mil dieciséis

D./Dña MARIA VICTORIA NAVARRO RUIZ. Secretario/a

N.° ▮▮▮▮▮▮▮ /▮▮
Certificación librada con fecha 21/10/2016

24

*Imagen 2: certificado de matrimonio español (Fuente: encargo profesional)*

**Registro Civil de Rota**

**Sección 2ª**    *Certificación Literal*

*Añadida a la inscripción*
*Tomo: 000██ Página: ███*
*A) NOTA - En fecha : veinte de junio*
*de dos mil doce , se ha expedido*
*libro de familia.*
*Hora : ocho horas cuarenta minutos*
*Fecha : veinte de junio de dos mil doce*
---

(SIGUEN FIRMAS)
---

*Encargado D./Dña : MARÍA DEL*
*CASTILLO MENDARO DORANTES*
*Secretario D./Dña : Mª DEL ROCIO*
*ALVAREZ - CAMPANA OSBORNE*
*REGISTRO CIVIL DE ROTA*

(1-3-4) INSCRIPCIÓN DE MATRIMONIO
Se inscribe el matrimonio celebrado entre :
MARIDO :
D./Dña. (4-1-1) G██████ (7-5-1) Apellidos : R███████ S████
(8-1-1) hijo/a de : J████ M████ (8-2-1) y de : M████ D█████
(2-4-4) nacido/a en : BADAJOZ
(2-1-1-3) Provincia : BADAJOZ (2-1-1) País : ESPAÑA
(9-7-4) el día : once de noviembre de mil novecientos ochenta y tres
(9-1-1) Registro Civil : BADAJOZ Tomo : ███ Página : ███
(4-1) Estado : (4-1-3) SOLTERO/A
(2-1-2) Domicilio (2-1-3-6) : ███████████
(2-1-3-2) Población: SEVILLA (2-1-1-3) Provincia : SEVILLA (2-1-1) País :
ESPAÑA
(6-1-3) Nacionalidad : ESPAÑA Sexo : VARÓN
(10-1-1-1) DNI : ████████
MUJER :
(4-1-2) y Dña/D. (8-5-2) Nombre : J████ ████
(7-5-2) Apellidos : L██████ P██████
(8-1-2) hijo/a de : J██████ (8-2-2) y de : M████ DEL V█████
(2-4-5) nacido/a en : ROTA
(2-1-1-3) Provincia : CÁDIZ (2-1-1) País : ESPAÑA
(9-7-5) el día : treinta de enero de mil novecientos ochenta y dos
(9-1-1) Registro Civil : ROTA Tomo : ███ Página : ███
(4-1) Estado : (4-1-3) SOLTERO/A
(2-1-2) Domicilio (2-1-3-6) : ███████████
(2-1-3-2) Población: ROTA (2-1-1-3) Provincia : CÁDIZ (2-1-1) País :
ESPAÑA
(6-1-4) Nacionalidad : ESPAÑA Sexo : MUJER
(10-1-1-1) DNI : ████████
(4-2) MATRIMONIO : (4-2-2) RELIGIOSO
(9-4-4) Celebrado a las : trece horas cero minutos
(9-8) día : dieciséis de junio de dos mil doce
(2-5) lugar : PARROQUIA NTRA. SRA. DE LA O
(2-1-3-2) Población: ROTA (2-1-1-3) Provincia : CÁDIZ (2-1-1) País :
ESPAÑA
(1-1) Autorizante D./Dña. : VICARIO D. FRANCISCO SANCHEZ GARRIDO.
OBSERVACIONES.
La presente inscripción se practica en virtud de transcripción de partida
sacramental que se archiva con el nº ██/2012 en el legajo correspondiente.
Hora : ocho horas treinta y nueve minutos
Fecha : veinte de junio de dos mil doce
---
---

(SIGUEN FIRMAS)
---

Encargado D./Dña : MARÍA DEL CASTILLO MENDARO DORANTES
Secretario D./Dña : Mª DEL ROCIO ALVAREZ - CAMPANA OSBORNE
REGISTRO CIVIL DE ROTA

25

*Imagen 2: certificado de matrimonio español (Fuente: encargo profesional)*

**Registro Civil de Rota**

**Sección 2ª**      **Certificación Literal**

CERTIFICO que la presente certificación literal expedida con la autorización prevista en el art. 26 del Reglamento del Registro Civil, contiene la reproducción íntegra del asiento correspondiente obrante en Tomo **000■■** página **■■■** de la Sección **2ª** de este Registro Civil.

Rota , trece de julio de dos mil diecisiete

*D./Dña MERCEDES GARCÍA HELICES. Funcionario Delegado*

26

*Imagen 3: certificado de defunción español (Fuente: encargo profesional)*

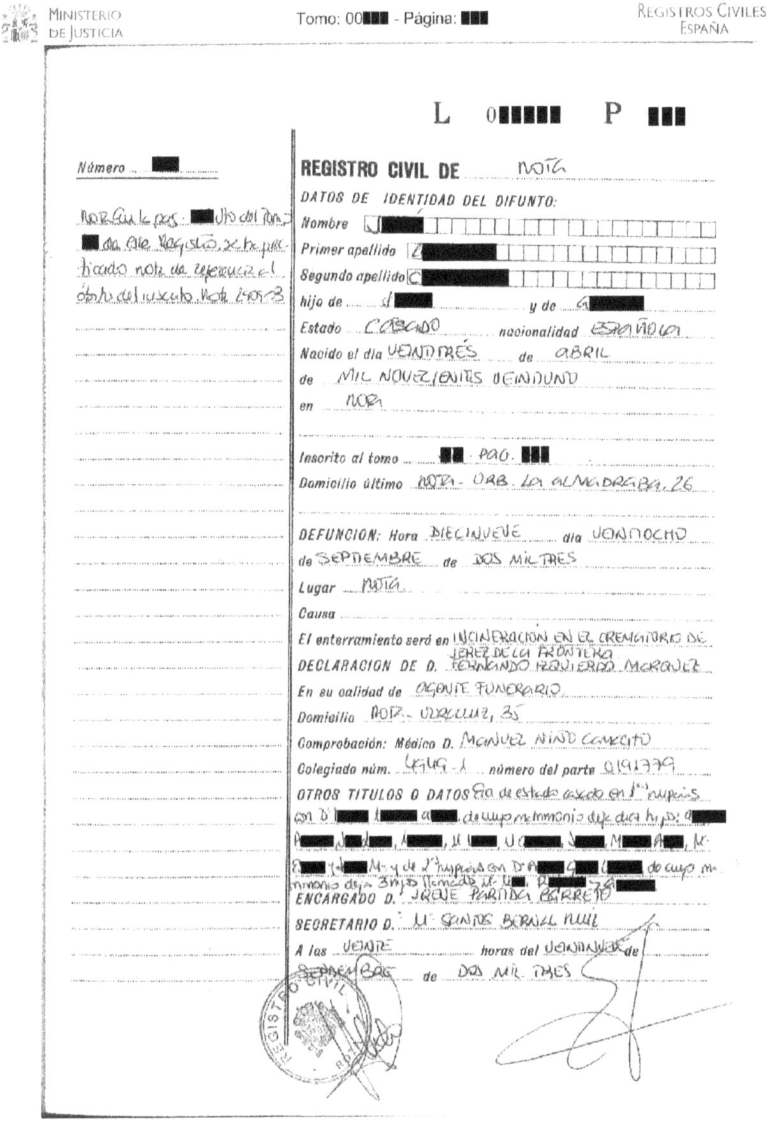

27

*Imagen 3: certificado de defunción español (Fuente: encargo profesional)*

CERTIFICO que la presente certificación literal expedida con la autorización prevista en el art. 26 del Reglamento del Registro Civil, contiene la reproducción integra del asiento correspondiente obrante en Tomo 000■■ página ■■■ de la Sección 3ª de este Registro Civil. Rota , trece de julio de dos mil diecisiete.
**D./Dña MERCEDES GARCÍA HELICES. Funcionario Delegado**

Certificación librada con fecha 13/07/2017

En el Reino Unido, las instituciones equivalentes a nuestro Registro Civil son la General Register Office, la General Register Office for Northern Ireland y el National Records of Scotland. Por otra parte, en los Estados Unidos, estas instituciones varían según el Estado y suelen recibir el nombre de Office of Vital Statistics o de Office of Vital Records (o, en ocasiones, una combinación de ambas).

## 3.2. The General Register Office en el Reino Unido

La General Register Office (GRO) pertenece a Her Majesty's Passport Office y se encarga del registro de los hechos y actos que se refieren al estado civil de las personas en Inglaterra y Gales. Mantiene el archivo nacional con todos los nacimientos, matrimonios y defunciones desde 1837 y está organizada en tres niveles: *registration counties*, *registration districts* y *local register offices*. En Escocia e Irlanda del Norte, estas funciones las desempeñan respectivamente el National Records of Scotland y la General Register Office for Northern Ireland.

La GRO proporciona un índice en el que aparece la información básica de todos los hechos registrados en Inglaterra y Gales desde 1837. Este índice se divide en cuatro tomos por año y puede ser consultado en línea desde las bibliotecas y las oficinas de registro o en la página web www. freebmd.org.uk.

Esta página web contiene una transcripción casi íntegra de los libros de Inglaterra y Gales comprendidos entre 1837 y 1983; la consulta de los mismos a través de la página web no conlleva coste alguno. Estos también pueden ser consultados en páginas web comerciales, que sí son de pago. Una vez localizado en el libro el asiento deseado, hay que anotar los siguientes datos identificativos del mismo:

– El nombre completo de la persona que aparece en el asiento.
– El año y el tomo en el que el hecho fue registrado.
– El distrito de registro.
– El volumen y el número de página del asiento.

Todos los libros son públicos y pueden ser consultados por cualquier persona, al contrario que los asientos, cuya información solo puede expedirse en forma de certificado.

Se pueden solicitar certificados en línea de nacimientos, defunciones, matrimonios y parejas de hecho (entre otros) registrados en Inglaterra y Gales, y de los hechos relativos a algunos ciudadanos británicos que nacieron, contrajeron matrimonio, formaron una pareja de hecho o fallecieron en el extranjero. También se pueden solicitar certificados de matrimonio conmemorativos para el aniversario de bodas de plata, rubí, oro y diamante. Sin embargo, las certificaciones en extracto y el certificado de presunción de fallecimiento no podrán ser solicitados en línea.

La información que aparecerá en estos documentos dependerá del tipo de certificado. En el caso que nos ocupa, nos vamos a centrar, como ya hemos indicado anteriormente, en tres tipos de certificados: de nacimiento, de matrimonio y de defunción.

## Certificados de nacimiento

La información recogida en un certificado literal de nacimiento incluye:

1. El nombre, la fecha y el lugar de nacimiento.
2. El nombre del padre (si este ha sido proporcionado en el momento del registro), su lugar de nacimiento y su profesión.
3. El nombre de la madre, su lugar de nacimiento, su apellido de soltera y, a partir de 1984, también su profesión.

Los registros llevados a cabo antes de 1969 no recogían el lugar de nacimiento de los padres ni la profesión de la madre.

## Certificados de matrimonio

La información recogida en un certificado de matrimonio incluye:

1. La fecha y el lugar de matrimonio.
2. El nombre, la edad y el estado civil de los contrayentes.
3. Su profesión y su dirección habitual.
4. El nombre y la profesión del padre de cada uno de los contrayentes.
5. El nombre de los testigos.
6. El nombre de la persona que ofició el matrimonio.

## Certificados de defunción

La información recogida en un certificado de defunción incluye:

1. El nombre, la fecha y el lugar de fallecimiento.
2. La fecha y el lugar de nacimiento (antes de 1969, el certificado solo incluía la edad del fallecido).
3. Su profesión y su dirección habitual.
4. La causa de la muerte.
5. El nombre de la persona que informó del fallecimiento ante el registro.

Mostramos a continuación un ejemplo (en este caso el certificado tipo) de cada uno de ellos.

*Imagen 4: certificado de nacimiento del Reino Unido (Fuente: bmd-certificates.co.uk)*[9]

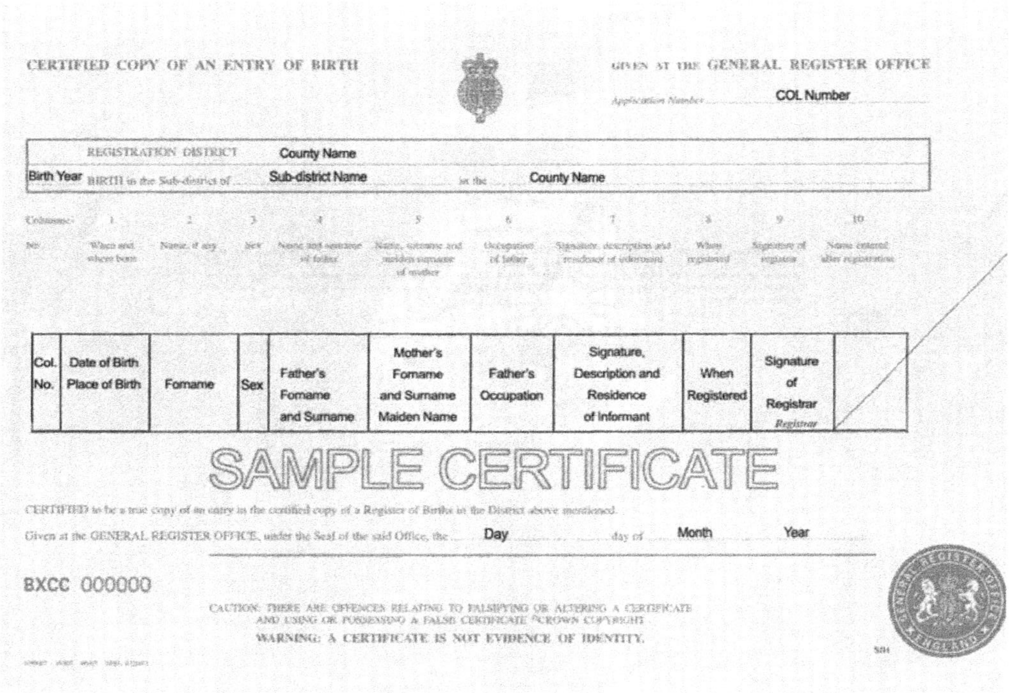
CERTIFIED COPY OF AN ENTRY OF BIRTH

GIVEN AT THE GENERAL REGISTER OFFICE

Application Number COL Number

REGISTRATION DISTRICT County Name

Birth Year BIRTH in the Sub-district of Sub-district Name in the County Name

| Col. No. | Date of Birth Place of Birth | Forname | Sex | Father's Forname and Surname | Mother's Forname and Surname Maiden Name | Father's Occupation | Signature, Description and Residence of Informant | When Registered | Signature of Registrar | |
|---|---|---|---|---|---|---|---|---|---|---|

SAMPLE CERTIFICATE

CERTIFIED to be a true copy of an entry in the certified copy of a Register of Births in the District above mentioned.

Given at the GENERAL REGISTER OFFICE, under the Seal of the said Office, the Day day of Month Year

BXCC 000000

CAUTION: THERE ARE OFFENCES RELATING TO FALSIFYING OR ALTERING A CERTIFICATE AND USING OR POSSESSING A FALSE CERTIFICATE ©CROWN COPYRIGHT

WARNING: A CERTIFICATE IS NOT EVIDENCE OF IDENTITY.

9 Disponible en: https://www.bmd-certificates.co.uk/birth.html [Último acceso el 24 de octubre de 2017].

*Imagen 5: certificado de matrimonio del Reino Unido (Fuente: bmd-certificates.co.uk)*[10]

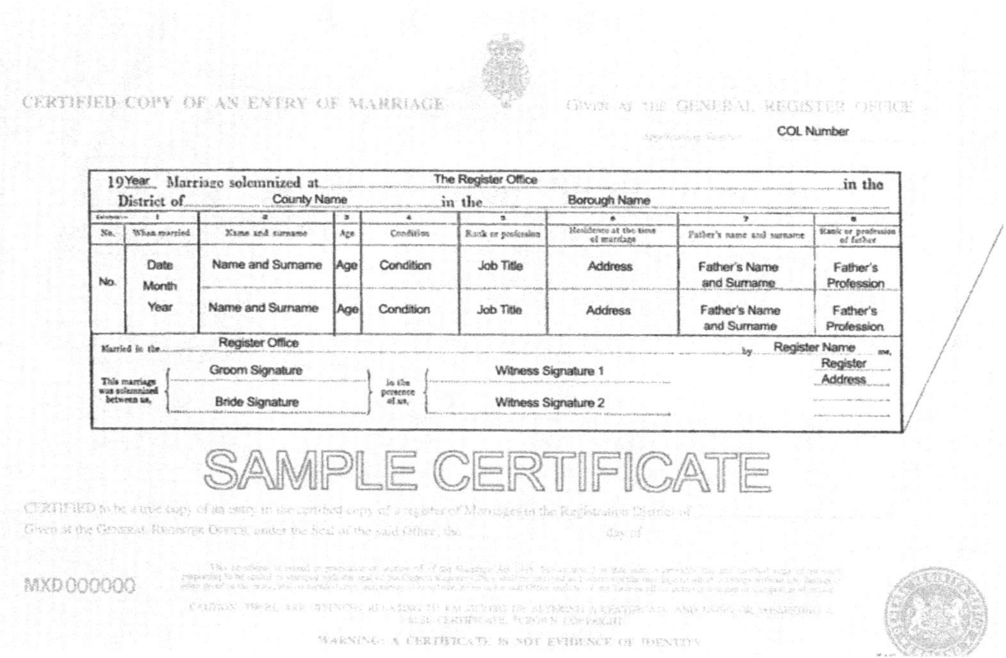

CERTIFIED COPY OF AN ENTRY OF MARRIAGE — GIVEN AT THE GENERAL REGISTER OFFICE

COL Number

19Year Marriage solemnized at The Register Office in the District of County Name in the Borough Name

| 1 | 1 | 2 | 3 | 4 | 5 | 6 | 7 | 8 |
|---|---|---|---|---|---|---|---|---|
| No. | When married | Name and surname | Age | Condition | Rank or profession | Residence at the time of marriage | Father's name and surname | Rank or profession of father |
| No. | Date Month Year | Name and Surname | Age | Condition | Job Title | Address | Father's Name and Surname | Father's Profession |
| | | Name and Surname | Age | Condition | Job Title | Address | Father's Name and Surname | Father's Profession |

Married in the Register Office by Register Name me,

This marriage was solemnized between us, Groom Signature, Bride Signature — in the presence of us, Witness Signature 1, Witness Signature 2 — Register Address

SAMPLE CERTIFICATE

MXD 000000

WARNING: A CERTIFICATE IS NOT EVIDENCE OF IDENTITY

10 Disponible en: https://www.bmd-certificates.co.uk/marriage.html [Último acceso el 24 de octubre de 2017].

*Imagen 6: certificado de defunción del Reino Unido (Fuente: bmd-certificates.co.uk)*[11]

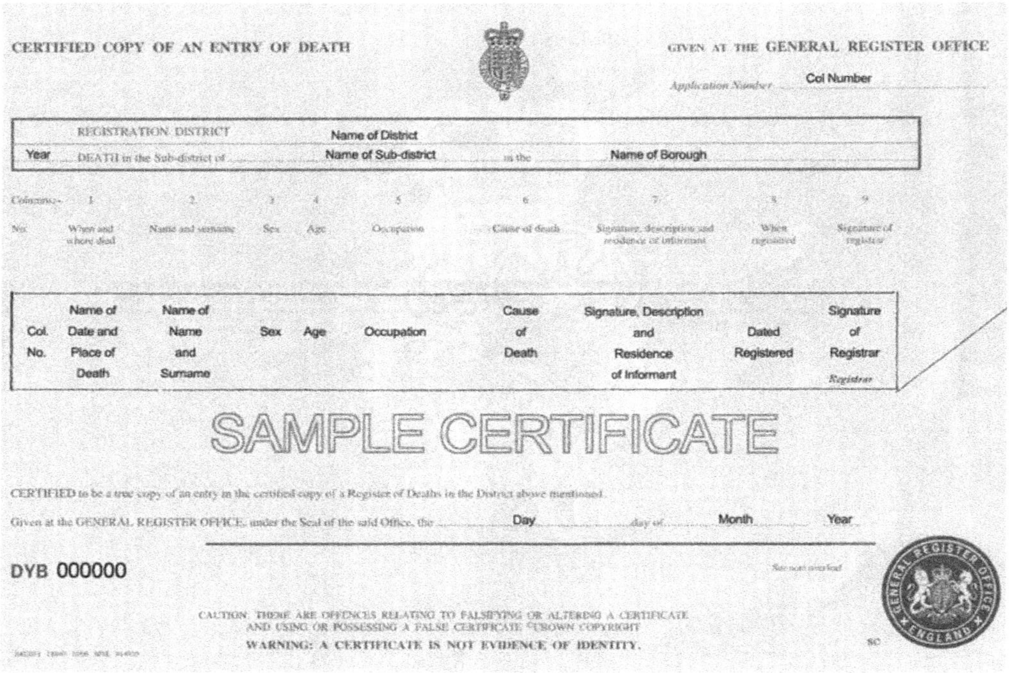

CERTIFIED COPY OF AN ENTRY OF DEATH

GIVEN AT THE GENERAL REGISTER OFFICE

Application Number Col Number

| REGISTRATION DISTRICT | Name of District | | |
|---|---|---|---|
| Year DEATH in the Sub-district of | Name of Sub-district | in the | Name of Borough |

| Columns:- 1 | 2 | 3 | 4 | 5 | 6 | 7 | 8 | 9 |
|---|---|---|---|---|---|---|---|---|
| No. When and where died | Name and surname | Sex | Age | Occupation | Cause of death | Signature, description and residence of informant | When registered | Signature of registrar |
| Col. No. Name of Date and Place of Death | Name of Name and Surname | Sex | Age | Occupation | Cause of Death | Signature, Description and Residence of Informant | Dated Registered | Signature of Registrar Registrar |

SAMPLE CERTIFICATE

CERTIFIED to be a true copy of an entry in the certified copy of a Register of Deaths in the District above mentioned.

Given at the GENERAL REGISTER OFFICE, under the Seal of the said Office, the Day day of Month Year

DYB 000000

CAUTION: THERE ARE OFFENCES RELATING TO FALSIFYING OR ALTERING A CERTIFICATE AND USING OR POSSESSING A FALSE CERTIFICATE ©CROWN COPYRIGHT

WARNING: A CERTIFICATE IS NOT EVIDENCE OF IDENTITY.



11 Disponible en: https://www.bmd-certificates.co.uk/death.html [Último acceso el 24 de octubre de 2017].

## 3.3. The Office of Vital Records en los Estados Unidos

En los Estados Unidos, los hechos y actos que se refieren al estado civil de las personas no son considerados asuntos federales, con la excepción de los hechos acontecidos en el extranjero, en las fuerzas armadas o en el Distrito de Columbia (Washington D. C.). Por este motivo, no están gestionados por la National Archives and Records Administration (NARA), sino que dependen de instituciones descentralizadas denominadas *registration areas*. El sistema registral estadounidense se divide en 57 áreas registrales: cada uno de los 50 estados, el Distrito de Columbia, la ciudad de Nueva York, Samoa Americana, Guam, Puerto Rico y la Mancomunidad de las Islas Marianas del Norte.

La jurisdicción de cada área registral empezó a llevar un registro de los nacimientos, matrimonios, divorcios y fallecimientos de sus habitantes en momentos diferentes. Para conocer cuándo, hay que consultar las leyes específicas de cada área. En algunas, los hechos registrados son confidenciales durante un periodo de 100 años o más, y para consultarlos se necesita una prueba de que el solicitante es un descendiente directo de la persona involucrada. Transcurrido este periodo, la información será de dominio público.

Por ejemplo, en el estado de Utah, la Office of Vital Records and Statistics lleva un registro de los nacimientos y defunciones desde 1905, y de los matrimonios y divorcios desde 1978. Los correspondientes certificados solo pueden ser solicitados por la persona involucrada, un familiar directo, un tutor legal o un representante legal debidamente designado. Sin embargo, la información será pública transcurridos 100 años, para los nacimientos; 50 años, para las defunciones; y 75 años, para los matrimonios y los divorcios. Una vez hecha pública, podrá ser consultada en los archivos estatales de Utah.

Para conocer dónde se pueden solicitar los certificados de registro civil en cada una de las áreas registrales, una herramienta muy útil es la web del National Center for Health Statistics (NCHS)[12]. En esta, se puede comprobar la enorme variedad de instituciones que cumplen las funciones del Registro Civil español en cada área registral: el Center for Health Statistics,

---

12 Disponible en: https://www.cdc.gov/nchs/w2w/index.htm [Último acceso el 21 de septiembre de 2017].

en Alabama; el Health Analytics & Vital Records, en Alaska; el Bureau of Vital Records, en Arizona; el Department of Public Health, en Connecticut; el Registry of Vital Records and Statistics, en Massachusetts, etc.

Hay que recordar que la información recogida por estas instituciones y el formato de los documentos que de ellas emanan no se corresponden totalmente entre sí —ni con los certificados expedidos por el Registro Civil español—. Desde 1900, el gobierno federal de los Estados Unidos viene expidiendo *certificados estándar* para homogeneizar contenidos de cara a su uso estadístico, pero estos representan solo una «guía de mínimos» y cada área registral tiene la libertad de añadir información y de modificar el formato de los certificados, siempre que respete el contenido mínimo que el certificado estándar establece[13].

La oficina del censo de los Estados Unidos (Bureau of the Census), que se dedicaba a recoger los datos relacionados con el estado civil de las personas para un uso estadístico, fue la institución encargada de crear los primeros certificados estándar, que en un principio fueron solo de nacimiento y defunción. A partir de 1946, las competencias fueron transferidas al U.S. Public Health Service y actualmente son responsabilidad de la Division of Vital Statistics of the National Center for Health Statistics. Los datos que aparecen en los certificados estándar se someten a revisiones y actualizaciones periódicas (cada 10–15 años) con el fin de mantener un sistema de registro homogéneo a nivel nacional, de adaptarse a los cambios sociales y de dar respuesta a las necesidades de los usuarios.

La última versión publicada para nacimientos y defunciones data de 2003, mientras que para matrimonios es de 1989. Teniendo en cuenta que la revisión se hace cada 10–15 años, la próxima no debería tardar en publicarse.

Tradicionalmente en los EE. UU., la Office of Vital Records (u Office of Vital Statistics) ha cumplido funciones similares a las del Instituto Nacional

---

13 Basándonos en la muestra documental analizada, podemos afirmar que la teoría dista mucho de la realidad. La mayoría de los certificados de los distintos estados difieren del estándar, como podemos ver en Lobato, J. y A. Granados, (2017) "La traducción jurada (inglés-español) de certificados de matrimonio: macroestructura comparada" en Martínez, A. y M. Vella (eds.) *De traducción especializada. Retos traductológicos y aplicaciones profesionales (ámbitos biosanitario y jurídico)*. Granada, Comares.

de Estadísticas en España. Es por ello que en los certificados de nacimiento y defunción estadounidenses aparece información tan específica (como, por ejemplo, el tipo de parto, el facultativo que lo asistió, el número de abortos anteriores, la causa del fallecimiento, etc.), que en el caso de España no se recogen en esta tipología textual. Podríamos afirmar, coincidiendo con Mayoral (2012:204), que debido a la información que contienen estos documentos estadounidenses, estaríamos ante una subtipología textual que podríamos denominar *documentos híbridos médico-jurídicos*, ya que en ellos se combina información registral (de carácter administrativo) con información médica o forense. Asimismo, es habitual que las certificaciones procedentes de los EE. UU. incluyan datos como, por ejemplo, la raza o el origen étnico, que en la cultura española serían considerados confidenciales y no aparecerían en los documentos registrales (Mayoral, 2012:204).

Incluimos a continuación los certificados estándar de EE. UU. de nacimiento, matrimonio y defunción.

*Imagen 7: certificado estándar de nacimiento de 2003 de EE. UU. (Fuente: Centers for Disease Control and Prevention)*[14]

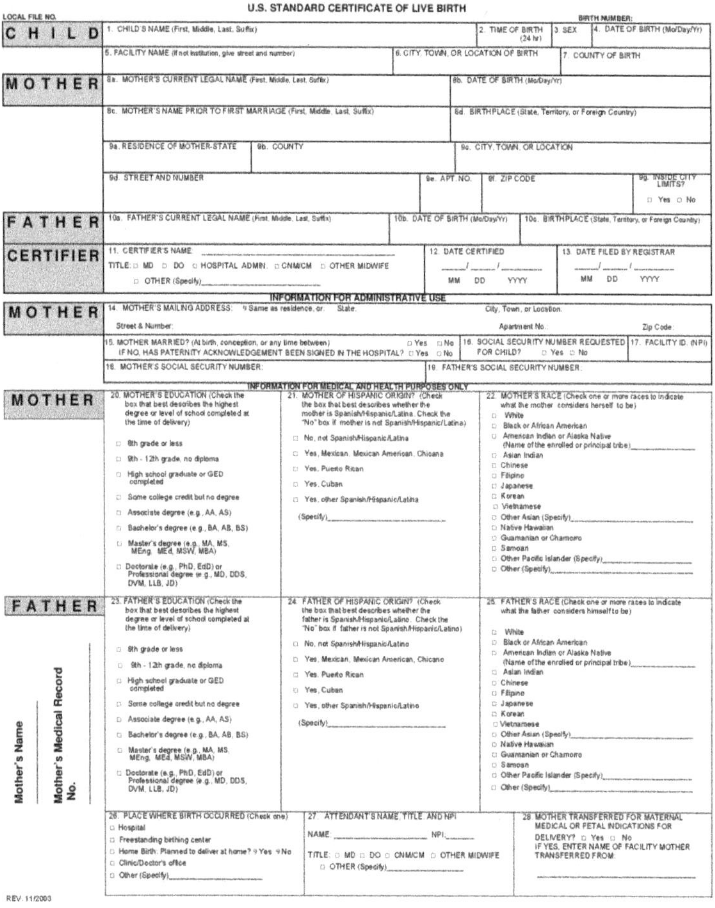

U.S. STANDARD CERTIFICATE OF LIVE BIRTH

LOCAL FILE NO. | BIRTH NUMBER:

**CHILD**

1. CHILD'S NAME (First, Middle, Last, Suffix) | 2. TIME OF BIRTH (24 hr) | 3. SEX | 4. DATE OF BIRTH (Mo/Day/Yr)

5. FACILITY NAME (If not institution, give street and number) | 6. CITY, TOWN, OR LOCATION OF BIRTH | 7. COUNTY OF BIRTH

**MOTHER**

8a. MOTHER'S CURRENT LEGAL NAME (First, Middle, Last, Suffix) | 8b. DATE OF BIRTH (Mo/Day/Yr)

8c. MOTHER'S NAME PRIOR TO FIRST MARRIAGE (First, Middle, Last, Suffix) | 8d. BIRTHPLACE (State, Territory, or Foreign Country)

9a. RESIDENCE OF MOTHER-STATE | 9b. COUNTY | 9c. CITY, TOWN, OR LOCATION

9d. STREET AND NUMBER | 9e. APT. NO. | 9f. ZIP CODE | 9g. INSIDE CITY LIMITS? □ Yes □ No

**FATHER**

10a. FATHER'S CURRENT LEGAL NAME (First, Middle, Last, Suffix) | 10b. DATE OF BIRTH (Mo/Day/Yr) | 10c. BIRTHPLACE (State, Territory, or Foreign Country)

**CERTIFIER**

11. CERTIFIER'S NAME ____________
TITLE: □ MD □ DO □ HOSPITAL ADMIN. □ CNM/CM □ OTHER MIDWIFE
□ OTHER (Specify)____________

12. DATE CERTIFIED ___/___/_____ MM DD YYYY

13. DATE FILED BY REGISTRAR ___/___/_____ MM DD YYYY

INFORMATION FOR ADMINISTRATIVE USE

**MOTHER**

14. MOTHER'S MAILING ADDRESS: 9 Same as residence, or: State: City, Town, or Location:
Street & Number: Apartment No.: Zip Code:

15. MOTHER MARRIED? (At birth, conception, or any time between) □ Yes □ No
IF NO, HAS PATERNITY ACKNOWLEDGEMENT BEEN SIGNED IN THE HOSPITAL? □ Yes □ No

16. SOCIAL SECURITY NUMBER REQUESTED FOR CHILD? □ Yes □ No

17. FACILITY ID. (NPI)

18. MOTHER'S SOCIAL SECURITY NUMBER: | 19. FATHER'S SOCIAL SECURITY NUMBER:

INFORMATION FOR MEDICAL AND HEALTH PURPOSES ONLY

**MOTHER**

20. MOTHER'S EDUCATION (Check the box that best describes the highest degree or level of school completed at the time of delivery)
□ 8th grade or less
□ 9th - 12th grade, no diploma
□ High school graduate or GED completed
□ Some college credit but no degree
□ Associate degree (e.g., AA, AS)
□ Bachelor's degree (e.g., BA, AB, BS)
□ Master's degree (e.g., MA, MS, MEng, MEd, MSW, MBA)
□ Doctorate (e.g., PhD, EdD) or Professional degree (e.g., MD, DDS, DVM, LLB, JD)

21. MOTHER OF HISPANIC ORIGIN? (Check the box that best describes whether the mother is Spanish/Hispanic/Latina. Check the "No" box if mother is not Spanish/Hispanic/Latina)
□ No, not Spanish/Hispanic/Latina
□ Yes, Mexican, Mexican American, Chicana
□ Yes, Puerto Rican
□ Yes, Cuban
□ Yes, other Spanish/Hispanic/Latina
(Specify)____________

22. MOTHER'S RACE (Check one or more races to indicate what the mother considers herself to be)
□ White
□ Black or African American
□ American Indian or Alaska Native (Name of the enrolled or principal tribe)____________
□ Asian Indian
□ Chinese
□ Filipino
□ Japanese
□ Korean
□ Vietnamese
□ Other Asian (Specify)____________
□ Native Hawaiian
□ Guamanian or Chamorro
□ Samoan
□ Other Pacific Islander (Specify)____________
□ Other (Specify)____________

**FATHER**

23. FATHER'S EDUCATION (Check the box that best describes the highest degree or level of school completed at the time of delivery)
□ 8th grade or less
□ 9th - 12th grade, no diploma
□ High school graduate or GED completed
□ Some college credit but no degree
□ Associate degree (e.g., AA, AS)
□ Bachelor's degree (e.g., BA, AB, BS)
□ Master's degree (e.g., MA, MS, MEng, MEd, MSW, MBA)
□ Doctorate (e.g., PhD, EdD) or Professional degree (e.g., MD, DDS, DVM, LLB, JD)

24. FATHER OF HISPANIC ORIGIN? (Check the box that best describes whether the father is Spanish/Hispanic/Latino. Check the "No" box if father is not Spanish/Hispanic/Latino)
□ No, not Spanish/Hispanic/Latino
□ Yes, Mexican, Mexican American, Chicano
□ Yes, Puerto Rican
□ Yes, Cuban
□ Yes, other Spanish/Hispanic/Latino
(Specify)____________

25. FATHER'S RACE (Check one or more races to indicate what the father considers himself to be)
□ White
□ Black or African American
□ American Indian or Alaska Native (Name of the enrolled or principal tribe)____________
□ Asian Indian
□ Chinese
□ Filipino
□ Japanese
□ Korean
□ Vietnamese
□ Other Asian (Specify)____________
□ Native Hawaiian
□ Guamanian or Chamorro
□ Samoan
□ Other Pacific Islander (Specify)____________
□ Other (Specify)____________

Mother's Name

Mother's Medical Record No.

26. PLACE WHERE BIRTH OCCURRED (Check one)
□ Hospital
□ Freestanding birthing center
□ Home Birth: Planned to deliver at home? 9 Yes 9 No
□ Clinic/Doctor's office
□ Other (Specify)____________

27. ATTENDANT'S NAME, TITLE, AND NPI
NAME: ____________ NPI:______
TITLE: □ MD □ DO □ CNM/CM □ OTHER MIDWIFE
□ OTHER (Specify)____________

28. MOTHER TRANSFERRED FOR MATERNAL MEDICAL OR FETAL INDICATIONS FOR DELIVERY? □ Yes □ No
IF YES, ENTER NAME OF FACILITY MOTHER TRANSFERRED FROM:
____________

REV. 11/2003

14 Disponible en: https://www.cdc.gov/nchs/data/dvs/birth11-03final-ACC.pdf [Último acceso el 24 de octubre de 2017].

*Imagen 7: certificado estándar de nacimiento de 2003 de EE. UU.*
*(Fuente: Centers for Disease Control and Prevention)*[15]

| MOTHER | 29a. DATE OF FIRST PRENATAL CARE VISIT | 29b. DATE OF LAST PRENATAL CARE VISIT | 30. TOTAL NUMBER OF PRENATAL VISITS FOR THIS PREGNANCY |
|---|---|---|---|
| | __/__/____ □ No Prenatal Care<br>MM  DD  YYYY | __/__/____<br>MM  DD  YYYY | _____ (If none, enter "0".) |

| 31. MOTHER'S HEIGHT _____ (feet/inches) | 32. MOTHER'S PREPREGNANCY WEIGHT _____ (pounds) | 33. MOTHER'S WEIGHT AT DELIVERY _____ (pounds) | 34. DID MOTHER GET WIC FOOD FOR HERSELF DURING THIS PREGNANCY? □ Yes □ No |
|---|---|---|---|

| 35. NUMBER OF PREVIOUS LIVE BIRTHS (Do not include this child) | 36. NUMBER OF OTHER PREGNANCY OUTCOMES (spontaneous or induced losses or ectopic pregnancies.) | 37. CIGARETTE SMOKING BEFORE AND DURING PREGNANCY<br>For each time period, enter either the number of cigarettes or the number of packs of cigarettes smoked. IF NONE, ENTER "0". | 38. PRINCIPAL SOURCE OF PAYMENT FOR THIS DELIVERY |
|---|---|---|---|
| 35a. Now Living<br>Number _____<br>□ None | 35b. Now Dead<br>Number _____<br>□ None | 36a. Other Outcomes<br>Number _____<br>□ None | Average number of cigarettes or packs of cigarettes smoked per day.<br># of cigarettes   # of packs<br>Three Months Before Pregnancy _____ OR _____<br>First Three Months of Pregnancy _____ OR _____<br>Second Three Months of Pregnancy _____ OR _____<br>Third Trimester of Pregnancy _____ OR _____ | □ Private Insurance<br>□ Medicaid<br>□ Self-pay<br>□ Other (Specify)_____ |

| 35c. DATE OF LAST LIVE BIRTH<br>__/____<br>MM  YYYY | 36b. DATE OF LAST OTHER PREGNANCY OUTCOME<br>__/____<br>MM  YYYY | 39. DATE LAST NORMAL MENSES BEGAN<br>__/__/____<br>MM  DD  YYYY | 40. MOTHER'S MEDICAL RECORD NUMBER |
|---|---|---|---|

| MEDICAL AND HEALTH INFORMATION | 41. RISK FACTORS IN THIS PREGNANCY (Check all that apply) | 43. OBSTETRIC PROCEDURES (Check all that apply) | 46. METHOD OF DELIVERY |
|---|---|---|---|
| | Diabetes<br>□ Prepregnancy (Diagnosis prior to this pregnancy)<br>□ Gestational (Diagnosis in this pregnancy)<br><br>Hypertension<br>□ Prepregnancy (Chronic)<br>□ Gestational (PIH, preeclampsia)<br>□ Eclampsia<br><br>□ Previous preterm birth<br><br>□ Other previous poor pregnancy outcome (Includes perinatal death, small-for-gestational age/intrauterine growth restricted birth)<br><br>□ Pregnancy resulted from infertility treatment-If yes, check all that apply<br>□ Fertility-enhancing drugs, Artificial insemination or Intrauterine insemination<br>□ Assisted reproductive technology (e.g., in vitro fertilization (IVF), gamete intrafallopian transfer (GIFT))<br><br>□ Mother had a previous cesarean delivery<br>If yes, how many _____<br><br>□ None of the above<br><br>42. INFECTIONS PRESENT AND/OR TREATED DURING THIS PREGNANCY (Check all that apply)<br>□ Gonorrhea<br>□ Syphilis<br>□ Chlamydia<br>□ Hepatitis B<br>□ Hepatitis C<br>□ None of the above | □ Cervical cerclage<br>□ Tocolysis<br><br>External cephalic version<br>□ Successful<br>□ Failed<br><br>□ None of the above<br><br>44. ONSET OF LABOR (Check all that apply)<br>□ Premature Rupture of the Membranes (prolonged, ≥12 hrs.)<br>□ Precipitous Labor (<3 hrs.)<br>□ Prolonged Labor (≥20 hrs.)<br>□ None of the above<br><br>45. CHARACTERISTICS OF LABOR AND DELIVERY (Check all that apply)<br>□ Induction of labor<br>□ Augmentation of labor<br>□ Non-vertex presentation<br>□ Steroids (glucocorticoids) for fetal lung maturation received by the mother prior to delivery<br>□ Antibiotics received by the mother during labor<br>□ Clinical chorioamnionitis diagnosed during labor or maternal temperature ≥38°C (100.4°F)<br>□ Moderate/heavy meconium staining of the amniotic fluid<br>□ Fetal intolerance of labor such that one or more of the following actions was taken: in-utero resuscitative measures, further fetal assessment, or operative delivery<br>□ Epidural or spinal anesthesia during labor<br>□ None of the above | A. Was delivery with forceps attempted but unsuccessful?<br>□ Yes  □ No<br><br>B. Was delivery with vacuum extraction attempted but unsuccessful?<br>□ Yes  □ No<br><br>C. Fetal presentation at birth<br>□ Cephalic<br>□ Breech<br>□ Other<br><br>D. Final route and method of delivery (Check one)<br>□ Vaginal/Spontaneous<br>□ Vaginal/Forceps<br>□ Vaginal/Vacuum<br>□ Cesarean<br>If cesarean, was a trial of labor attempted?<br>□ Yes<br>□ No<br><br>47. MATERNAL MORBIDITY (Check all that apply) (Complications associated with labor and delivery)<br>□ Maternal transfusion<br>□ Third or fourth degree perineal laceration<br>□ Ruptured uterus<br>□ Unplanned hysterectomy<br>□ Admission to intensive care unit<br>□ Unplanned operating room procedure following delivery<br>□ None of the above |

NEWBORN INFORMATION

| NEWBORN | 48. NEWBORN MEDICAL RECORD NUMBER | 54. ABNORMAL CONDITIONS OF THE NEWBORN (Check all that apply) | 55. CONGENITAL ANOMALIES OF THE NEWBORN (Check all that apply) |
|---|---|---|---|
| | 49. BIRTHWEIGHT (grams preferred, specify unit)<br>_____ □ grams  □ lb/oz | □ Assisted ventilation required immediately following delivery<br>□ Assisted ventilation required for more than six hours<br>□ NICU admission<br>□ Newborn given surfactant replacement therapy<br>□ Antibiotics received by the newborn for suspected neonatal sepsis<br>□ Seizure or serious neurologic dysfunction<br>□ Significant birth injury (skeletal fracture(s), peripheral nerve injury, and/or soft tissue/solid organ hemorrhage which requires intervention)<br>□ None of the above | □ Anencephaly<br>□ Meningomyelocele/Spina bifida<br>□ Cyanotic congenital heart disease<br>□ Congenital diaphragmatic hernia<br>□ Omphalocele<br>□ Gastroschisis<br>□ Limb reduction defect (excluding congenital amputation and dwarfing syndromes)<br>□ Cleft Lip with or without Cleft Palate<br>□ Cleft Palate alone<br>□ Down Syndrome<br>□ Karyotype confirmed<br>□ Karyotype pending<br>□ Suspected chromosomal disorder<br>□ Karyotype confirmed<br>□ Karyotype pending<br>□ Hypospadias<br>□ None of the anomalies listed above |
| Mother's Name / Mother's Medical Record No. | 50. OBSTETRIC ESTIMATE OF GESTATION<br>_____ (completed weeks)<br>51. APGAR SCORE<br>Score at 5 minutes: _____<br>If 5 minute score is less than 6,<br>Score at 10 minutes: _____<br>52. PLURALITY - Single, Twin, Triplet, etc. (Specify) _____<br>53. IF NOT SINGLE BIRTH - Born First, Second, Third, etc. (Specify) _____ | | |
| | 56. WAS INFANT TRANSFERRED WITHIN 24 HOURS OF DELIVERY? □ Yes □ No<br>IF YES, NAME OF FACILITY INFANT TRANSFERRED TO _____ | 57. IS INFANT LIVING AT TIME OF REPORT?<br>□ Yes □ No □ Infant transferred, status unknown | 58. IS THE INFANT BEING BREASTFED AT DISCHARGE?<br>□ Yes □ No |

---

15 Disponible en: https://www.cdc.gov/nchs/data/dvs/birth11-03final-ACC.pdf [Último acceso el 24 de octubre de 2017].

*Imagen 8: certificado estándar de matrimonio de 1989 de EE. UU. (Fuente: Centers for Disease Control and Prevention)*[16]

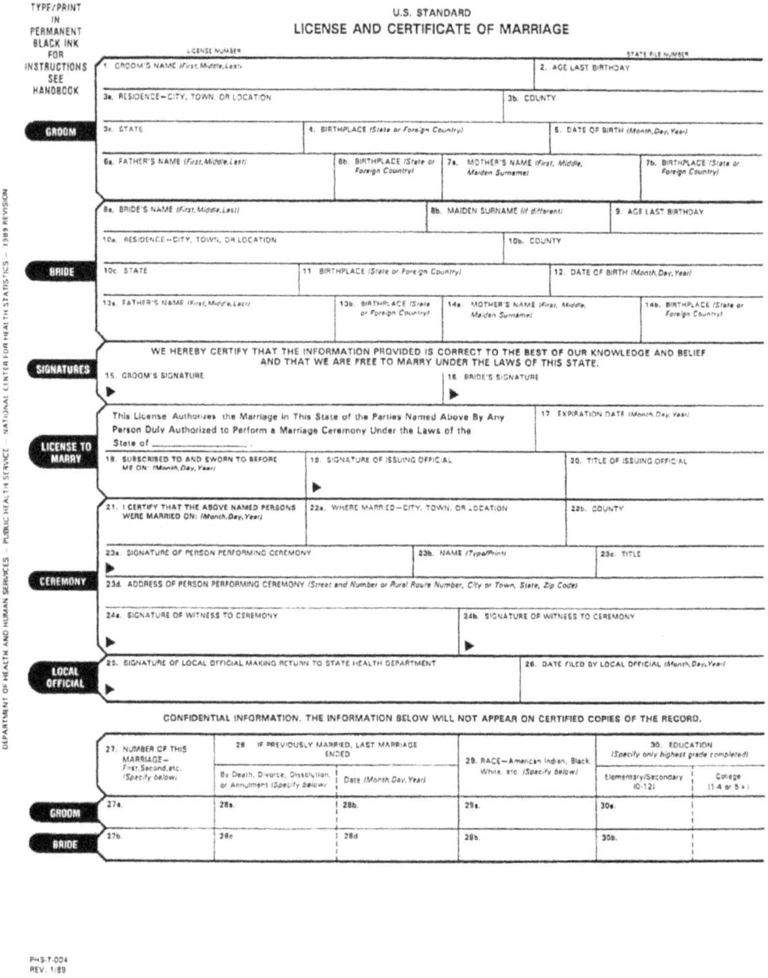

TYPE/PRINT IN PERMANENT BLACK INK
FOR INSTRUCTIONS SEE HANDBOOK

**U.S. STANDARD**
**LICENSE AND CERTIFICATE OF MARRIAGE**

DEPARTMENT OF HEALTH AND HUMAN SERVICES · PUBLIC HEALTH SERVICE · NATIONAL CENTER FOR HEALTH STATISTICS — 1989 REVISION

LICENSE NUMBER / STATE FILE NUMBER

**GROOM**
1. GROOM'S NAME (First, Middle, Last)
2. AGE LAST BIRTHDAY
3a. RESIDENCE—CITY, TOWN, OR LOCATION
3b. COUNTY
3c. STATE
4. BIRTHPLACE (State or Foreign Country)
5. DATE OF BIRTH (Month, Day, Year)
6a. FATHER'S NAME (First, Middle, Last)
6b. BIRTHPLACE (State or Foreign Country)
7a. MOTHER'S NAME (First, Middle, Maiden Surname)
7b. BIRTHPLACE (State or Foreign Country)

**BRIDE**
8a. BRIDE'S NAME (First, Middle, Last)
8b. MAIDEN SURNAME (if different)
9. AGE LAST BIRTHDAY
10a. RESIDENCE—CITY, TOWN, OR LOCATION
10b. COUNTY
10c. STATE
11. BIRTHPLACE (State or Foreign Country)
12. DATE OF BIRTH (Month, Day, Year)
13a. FATHER'S NAME (First, Middle, Last)
13b. BIRTHPLACE (State or Foreign Country)
14a. MOTHER'S NAME (First, Middle, Maiden Surname)
14b. BIRTHPLACE (State or Foreign Country)

**SIGNATURES**
WE HEREBY CERTIFY THAT THE INFORMATION PROVIDED IS CORRECT TO THE BEST OF OUR KNOWLEDGE AND BELIEF AND THAT WE ARE FREE TO MARRY UNDER THE LAWS OF THIS STATE.
15. GROOM'S SIGNATURE
16. BRIDE'S SIGNATURE

**LICENSE TO MARRY**
This License Authorizes the Marriage in This State of the Parties Named Above By Any Person Duly Authorized to Perform a Marriage Ceremony Under the Laws of the State of _____
17. EXPIRATION DATE (Month, Day, Year)
18. SUBSCRIBED TO AND SWORN TO BEFORE ME ON (Month, Day, Year)
19. SIGNATURE OF ISSUING OFFICIAL
20. TITLE OF ISSUING OFFICIAL

**CEREMONY**
21. I CERTIFY THAT THE ABOVE NAMED PERSONS WERE MARRIED ON (Month, Day, Year)
22a. WHERE MARRIED—CITY, TOWN, OR LOCATION
22b. COUNTY
23a. SIGNATURE OF PERSON PERFORMING CEREMONY
23b. NAME (Type/Print)
23c. TITLE
23d. ADDRESS OF PERSON PERFORMING CEREMONY (Street and Number or Rural Route Number, City or Town, State, Zip Code)
24a. SIGNATURE OF WITNESS TO CEREMONY
24b. SIGNATURE OF WITNESS TO CEREMONY

**LOCAL OFFICIAL**
25. SIGNATURE OF LOCAL OFFICIAL MAKING RETURN TO STATE HEALTH DEPARTMENT
26. DATE FILED BY LOCAL OFFICIAL (Month, Day, Year)

CONFIDENTIAL INFORMATION. THE INFORMATION BELOW WILL NOT APPEAR ON CERTIFIED COPIES OF THE RECORD.

| | 27. NUMBER OF THIS MARRIAGE—First, Second, etc. (Specify below) | 28. IF PREVIOUSLY MARRIED, LAST MARRIAGE ENDED — By Death, Divorce, Dissolution, or Annulment (Specify below) | Date (Month, Day, Year) | 29. RACE—American Indian, Black, White, etc. (Specify below) | 30. EDUCATION (Specify only highest grade completed) Elementary/Secondary (0-12) | College (1-4 or 5+) |
|---|---|---|---|---|---|---|
| **GROOM** | 27a. | 28a. | 28b. | 29a. | 30a. | |
| **BRIDE** | 27b. | 28c. | 28d. | 29b. | 30b. | |

PHS-T-004
REV. 1/89

---

16  Disponible en: https://www.cdc.gov/nchs/data/misc/hb_marr.pdf [Último acceso el 24 de octubre de 2017].

40

*Imagen 9: certificado estándar de defunción de 2003 de EE. UU. (Fuente: Centers for Disease Control and Prevention)*[17]

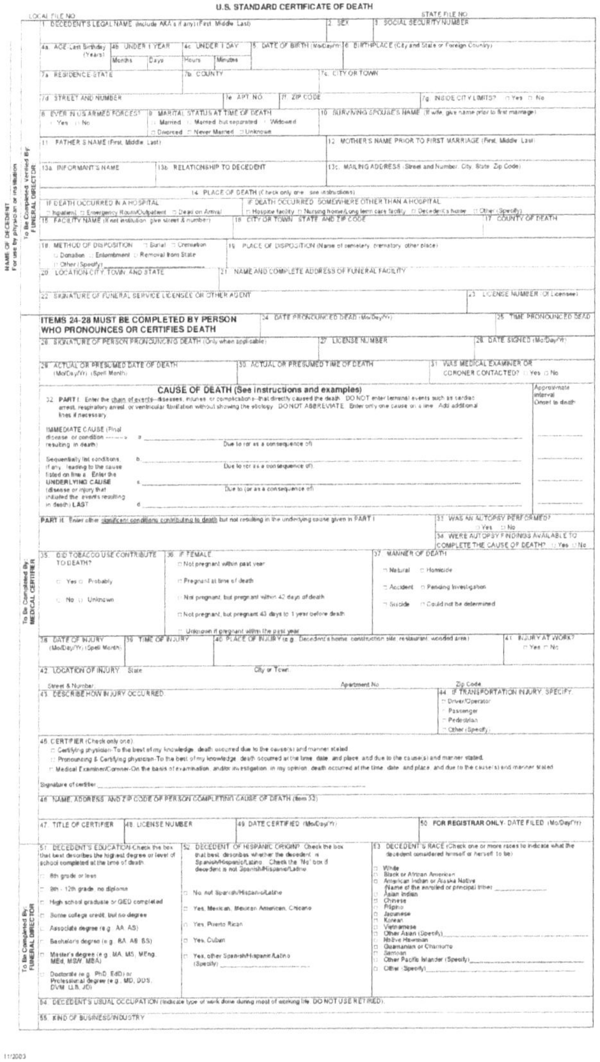
U.S. STANDARD CERTIFICATE OF DEATH

LOCAL FILE NO. STATE FILE NO.

NAME OF DECEDENT For use by physician or institution

To Be Completed/ Verified By: FUNERAL DIRECTOR

1. DECEDENT'S LEGAL NAME (Include AKA's if any) (First, Middle, Last) | 2. SEX | 3. SOCIAL SECURITY NUMBER

4a. AGE-Last Birthday (Years) | 4b. UNDER 1 YEAR Months Days | 4c. UNDER 1 DAY Hours Minutes | 5. DATE OF BIRTH (Mo/Day/Yr) | 6. BIRTHPLACE (City and State or Foreign Country)

7a. RESIDENCE-STATE | 7b. COUNTY | 7c. CITY OR TOWN

7d. STREET AND NUMBER | 7e. APT. NO. | 7f. ZIP CODE | 7g. INSIDE CITY LIMITS? □ Yes □ No

8. EVER IN US ARMED FORCES? □ Yes □ No | 9. MARITAL STATUS AT TIME OF DEATH □ Married □ Married, but separated □ Widowed □ Divorced □ Never Married □ Unknown | 10. SURVIVING SPOUSE'S NAME (If wife, give name prior to first marriage)

11. FATHER'S NAME (First, Middle, Last) | 12. MOTHER'S NAME PRIOR TO FIRST MARRIAGE (First, Middle, Last)

13a. INFORMANT'S NAME | 13b. RELATIONSHIP TO DECEDENT | 13c. MAILING ADDRESS (Street and Number, City, State, Zip Code)

14. PLACE OF DEATH (Check only one: see instructions)

IF DEATH OCCURRED IN A HOSPITAL: □ Inpatient □ Emergency Room/Outpatient □ Dead on Arrival

IF DEATH OCCURRED SOMEWHERE OTHER THAN A HOSPITAL: □ Hospice facility □ Nursing home/Long term care facility □ Decedent's home □ Other (Specify)

15. FACILITY NAME (If not institution, give street & number) | 16. CITY OR TOWN, STATE, AND ZIP CODE | 17. COUNTY OF DEATH

18. METHOD OF DISPOSITION: □ Burial □ Cremation □ Donation □ Entombment □ Removal from State □ Other (Specify): | 19. PLACE OF DISPOSITION (Name of cemetery, crematory, other place)

20. LOCATION-CITY, TOWN, AND STATE | 21. NAME AND COMPLETE ADDRESS OF FUNERAL FACILITY

22. SIGNATURE OF FUNERAL SERVICE LICENSEE OR OTHER AGENT | 23. LICENSE NUMBER (Of Licensee)

ITEMS 24-28 MUST BE COMPLETED BY PERSON WHO PRONOUNCES OR CERTIFIES DEATH | 24. DATE PRONOUNCED DEAD (Mo/Day/Yr) | 25. TIME PRONOUNCED DEAD

26. SIGNATURE OF PERSON PRONOUNCING DEATH (Only when applicable) | 27. LICENSE NUMBER | 28. DATE SIGNED (Mo/Day/Yr)

29. ACTUAL OR PRESUMED DATE OF DEATH (Mo/Day/Yr) (Spell Month) | 30. ACTUAL OR PRESUMED TIME OF DEATH | 31. WAS MEDICAL EXAMINER OR CORONER CONTACTED? □ Yes □ No

To Be Completed By: MEDICAL CERTIFIER

CAUSE OF DEATH (See instructions and examples)

32. PART I. Enter the chain of events--diseases, injuries, or complications--that directly caused the death. DO NOT enter terminal events such as cardiac arrest, respiratory arrest, or ventricular fibrillation without showing the etiology. DO NOT ABBREVIATE. Enter only one cause on a line. Add additional lines if necessary.

Approximate interval: Onset to death

IMMEDIATE CAUSE (Final disease or condition ---> resulting in death) a. ______ Due to (or as a consequence of):

Sequentially list conditions, if any, leading to the cause listed on line a. Enter the UNDERLYING CAUSE (disease or injury that initiated the events resulting in death) LAST

b. ______ Due to (or as a consequence of):

c. ______ Due to (or as a consequence of):

d. ______

PART II. Enter other significant conditions contributing to death but not resulting in the underlying cause given in PART I | 33. WAS AN AUTOPSY PERFORMED? □ Yes □ No | 34. WERE AUTOPSY FINDINGS AVAILABLE TO COMPLETE THE CAUSE OF DEATH? □ Yes □ No

35. DID TOBACCO USE CONTRIBUTE TO DEATH? □ Yes □ Probably □ No □ Unknown

36. IF FEMALE: □ Not pregnant within past year □ Pregnant at time of death □ Not pregnant, but pregnant within 42 days of death □ Not pregnant, but pregnant 43 days to 1 year before death □ Unknown if pregnant within the past year

37. MANNER OF DEATH □ Natural □ Homicide □ Accident □ Pending Investigation □ Suicide □ Could not be determined

38. DATE OF INJURY (Mo/Day/Yr) (Spell Month) | 39. TIME OF INJURY | 40. PLACE OF INJURY (e.g., Decedent's home; construction site; restaurant; wooded area) | 41. INJURY AT WORK? □ Yes □ No

42. LOCATION OF INJURY: State: City or Town: Street & Number: Apartment No.: Zip Code:

43. DESCRIBE HOW INJURY OCCURRED: | 44. IF TRANSPORTATION INJURY, SPECIFY: □ Driver/Operator □ Passenger □ Pedestrian □ Other (Specify)

45. CERTIFIER (Check only one):

□ Certifying physician-To the best of my knowledge, death occurred due to the cause(s) and manner stated.

□ Pronouncing & Certifying physician-To the best of my knowledge, death occurred at the time, date, and place, and due to the cause(s) and manner stated.

□ Medical Examiner/Coroner-On the basis of examination, and/or investigation, in my opinion, death occurred at the time, date, and place, and due to the cause(s) and manner stated.

Signature of certifier: ______

46. NAME, ADDRESS, AND ZIP CODE OF PERSON COMPLETING CAUSE OF DEATH (Item 32)

47. TITLE OF CERTIFIER | 48. LICENSE NUMBER | 49. DATE CERTIFIED (Mo/Day/Yr) | 50. FOR REGISTRAR ONLY- DATE FILED (Mo/Day/Yr)

To Be Completed By: FUNERAL DIRECTOR

51. DECEDENT'S EDUCATION-Check the box that best describes the highest degree or level of school completed at the time of death. □ 8th grade or less □ 9th - 12th grade; no diploma □ High school graduate or GED completed □ Some college credit, but no degree □ Associate degree (e.g., AA, AS) □ Bachelor's degree (e.g., BA, AB, BS) □ Master's degree (e.g., MA, MS, MEng, MEd, MSW, MBA) □ Doctorate (e.g., PhD, EdD) or Professional degree (e.g., MD, DDS, DVM, LLB, JD)

52. DECEDENT OF HISPANIC ORIGIN? Check the box that best describes whether the decedent is Spanish/Hispanic/Latino. Check the "No" box if decedent is not Spanish/Hispanic/Latino. □ No, not Spanish/Hispanic/Latino □ Yes, Mexican, Mexican American, Chicano □ Yes, Puerto Rican □ Yes, Cuban □ Yes, other Spanish/Hispanic/Latino (Specify) ______

53. DECEDENT'S RACE (Check one or more races to indicate what the decedent considered himself or herself to be) □ White □ Black or African American □ American Indian or Alaska Native (Name of the enrolled or principal tribe) ______ □ Asian Indian □ Chinese □ Filipino □ Japanese □ Korean □ Vietnamese □ Other Asian (Specify) ______ □ Native Hawaiian □ Guamanian or Chamorro □ Samoan □ Other Pacific Islander (Specify) ______ □ Other (Specify) ______

54. DECEDENT'S USUAL OCCUPATION (Indicate type of work done during most of working life. DO NOT USE RETIRED).

55. KIND OF BUSINESS/INDUSTRY

REV. 11/2003

17 Disponible en: https://www.cdc.gov/nchs/data/dvs/DEATH11-03final-acc.pdf [Último acceso el 24 de octubre de 2017].

# 4. Normativa que regula la traducción jurada en España

En España, la legislación actual en materia de traducción-interpretación jurada comenzó con el Real Decreto 381/1977[18], de 18 de febrero, por el que se creaba la Oficina de Interpretación de Lenguas (OIL), que pasó a formar parte del Ministerio de Asuntos Exteriores. Esta respondía a la necesidad de «crear una infraestructura de personal especializado en la técnica de la traducción a idiomas extranjeros y de la interpretación oral de los mismos» que pudiera hacer frente a «la creciente actividad negociadora» y a «las exigencias de las relaciones internacionales» del Ministerio.

En este decreto solo se establecía que la OIL tendría un director, que sería asistido por el personal especializado necesario. Es por eso que dos meses más tarde se aprobó la Orden de 18 de abril de 1977[19], por la que se desarrollaba la estructura orgánica de la OIL. Según esta orden, la OIL tendría las siguientes unidades administrativas:

Sección 1. Interpretación escrita al español:

1. Revisión de traducciones
2. Traducciones del alemán y de lenguas germánicas
3. Traducciones de lenguas clásicas y románicas
4. Traducciones del ruso y de lenguas eslavas
5. Traducciones del árabe
6. Traducciones de otras lenguas

Sección 2. Interpretación a idiomas extranjeros:

1. Traducciones
2. Revisión de traducciones
3. Interpretación oral

---

18  Disponible en: https://www.boe.es/diario_boe/txt.php?id=BOE-A-1977-10435 [Último acceso el 21 de septiembre de 2017].
19  Disponible en: https://www.boe.es/diario_boe/txt.php?id=BOE-A-1977-10435 [Último acceso el 21 de septiembre de 2017].

Ya solo quedaba precisar las competencias que tendría la recién estructurada OIL. Para ello se aprobó el Real Decreto 2555/1997[20], de 27 de agosto, por el que se fijaba el Reglamento de la Oficina de Interpretación de Lenguas del Ministerio de Asuntos Exteriores. Este reglamento sigue vigente en la actualidad, aunque ha sufrido algunas modificaciones: el Real Decreto 889/1987, la Orden de 30 de mayo de 1988, el Real Decreto 752/1992, el Real Decreto 79/1996, la Orden de 21 de marzo de 1997 y el Real Decreto 2002/2009. Tras estas modificaciones, el texto consolidado del Real Decreto 2555/1997 se compone de doce artículos, organizados en dos capítulos: uno sobre la OIL y otro sobre los TIJ.

En el capítulo I, se proclama que la OIL del Ministerio de Asuntos Exteriores y de Cooperación es el máximo organismo de la Administración del Estado en materia de traducción e interpretación de lenguas, y que es a su vez el órgano de comunicación con las instituciones competentes en esta materia de la Unión Europea, de organismos internacionales, de otros países y de las Comunidades Autónomas. También se establecen las funciones de la OIL, que son, de forma general, la traducción directa e inversa, la revisión y el cotejo de traducciones de todos los documentos que incumban al Estado español de los que deba quedar constancia oficial (Tratados y Convenios internacionales, documentos de carácter diplomático, consular o administrativo, etc.), así como la interpretación en actos en que intervengan representantes de los órganos superiores de la Administración del Estado. Por último, se aclara que estas funciones se adscriben con carácter exclusivo a los funcionarios del Cuerpo de Traductores e Intérpretes.

Dentro de las funciones de la OIL, también se incluyen la organización y calificación de los exámenes para el nombramiento de los TIJ, de los que hablaremos en profundidad más adelante.

En el capítulo II, se dice que las traducciones e interpretaciones (directas o inversas) de los TIJ tendrán carácter oficial en todo el territorio nacional y que estos podrán fijar libremente sus honorarios. En cuanto a los aspectos metodológicos de la traducción jurada, solo se indica que los TIJ desempeñarán su labor de acuerdo con las orientaciones que, en su caso, pueda dictar la OIL, y que podrán certificar la fidelidad y exactitud de sus

---

20 Disponible en: https://www.boe.es/buscar/act.php?id=BOE-A-1977-24564& p=20091224&tn=1 [Último acceso el 21 de septiembre de 2017].

actuaciones con su firma y sello, empleando la fórmula que a tal efecto se dicte en la orden de desarrollo del decreto.

A este respecto, la normativa vigente es la establecida en la Orden AE-C/2125/2014[21], de 6 de noviembre, por la que se dictan normas sobre los exámenes para la obtención del título de TIJ. En el anexo I aparece el modelo al que se debe ajustar el sello del TIJ, que es el siguiente:

Sello

| |
|---|
| (NOMBRE Y APELLIDOS) |
| Traductor/a-Interprete Jurado/a de (IDIOMA) |
| N.º (NÚMERO DE T/I JURADO) |

Según el artículo 8 de dicha orden, estos son los únicos datos que podrán aparecer en el sello, redactados siempre en castellano y sin la adición de ninguna otra mención o símbolo.

Aquellos TIJ que ya estaban en posesión del nombramiento y que tenían el sello con los datos según la normativa anterior tuvieron que cambiarlo según la normativa vigente; sin embargo, dicha normativa no especifica si el nuevo sello debe estamparse en algún registro oficial de TIJ para dejar constancia del mismo. Tras una consulta vía email a la OIL por parte de los autores de este manual, la respuesta obtenida fue la siguiente: «No hay norma que disponga que la Oficina de Interpretación de Lenguas tenga que dar su aprobación al nuevo sello. Confiamos en la eficiencia de los Traductores/as-Intérpretes Jurados/as».

En el anexo II de la mencionada orden también aparece la fórmula obligatoria que debe acompañar toda traducción jurada, que lee como sigue:

Certificación

«Don/Doña ............................................................ *(nombre y apellidos)*, *Traductor/a-Intérprete Jurado/a de .................................. (idioma) nombrado/a por el Ministerio de Asuntos Exteriores y de Cooperación, certifica que la que antecede es traducción fiel y completa al ............................................................. (lengua de destino) de un documento redactado en ........................ (lengua de origen).*

*En .................................................. (lugar), a ................................... (fecha)»*

*Firma.*

---

21 Disponible en: www.boe.es/diario_boe/txt.php?id=BOE-A-2014-11801 [Último acceso el 21 de septiembre de 2017].

En el artículo 8 se dice, además, que junto a esta fórmula podrá figurar su traducción al idioma correspondiente (para los casos de traducción inversa), siempre y cuando dicha traducción se ajuste literalmente a la original en español.

Por último, a efectos de la comprobación de la autenticidad del original a partir del cual se ha efectuado la traducción, se dice que toda traducción jurada deberá ir acompañada de una copia del original y que este documento ha de estar sellado y fechado en todas sus páginas. Sin embargo, no se indica si la firma del TIJ se debe o puede incluir en dicha copia del documento original.

No quedan claros tampoco otros aspectos como el color o el tamaño del sello, si la fórmula debe ir al principio o al final de la traducción, o si el sello y la firma del TIJ deben aparecer en todas las páginas de la traducción o solo en la última.

Volviendo al capítulo II del Real Decreto 2555/1997, este establece las dos vías de acceso al nombramiento de TIJ: la superación de los exámenes convocados por la OIL de traducción e interpretación al castellano y viceversa de las lenguas extranjeras determinadas en cada convocatoria, o el reconocimiento de las cualificaciones profesionales de aquellos nacionales de los Estados miembros de la Unión Europea y de los países signatarios del Acuerdo sobre el Espacio Económico Europeo que hayan recibido en su país la habilitación correspondiente para ejercer la profesión de TIJ (esta última vía según el Real Decreto 1837/2008).

En el pasado, el Real Decreto 79/1996, de 26 de enero, matizado posteriormente por la Orden AEX/1971/2002, de 12 de julio, permitía una tercera vía de acceso: la superación de las asignaturas de la licenciatura en Traducción e Interpretación o titulación extranjera equivalente debidamente homologada que, conforme a los planes de estudio de las correspondientes Facultades, otorgasen a los Licenciados una preparación específica en traducción jurídica y económica e interpretación oral en la lengua o lenguas para las que se solicitara el nombramiento. En concreto, podían obtener el nombramiento sin necesidad de realizar los exámenes aquellos Licenciados que hubieran cursado un mínimo de 24 créditos en traducción jurídica y/o económica y de 16 créditos en interpretación. No obstante, el Real Decreto 2002/2009, de 23 de diciembre, ponía fin a esta vía[22].

En cualquier caso, el nombramiento de TIJ no confiere a su titular la condición de funcionario público ni supone el establecimiento de ningún vínculo orgánico ni laboral con la Administración Pública. Se trata solo de un título que otorga carácter oficial a las traducciones realizadas por la persona que lo ostenta.

Los requisitos para poder participar en los exámenes de la OIL, que se convocan generalmente una vez al año, son ser mayor de edad, poseer al menos un título español de Grado (o un título extranjero homologado a este) y poseer la nacionalidad española o la de cualquier otro Estado miembro de la Unión Europea o del Espacio Económico Europeo. Tal y como establece la Orden AEC/2125/2014, de 6 de noviembre, estos exámenes constan de tres ejercicios: un examen tipo test, un ejercicio de traducción y un ejercicio oral.

El primer ejercicio consiste en un examen tipo test, de carácter gramatical y terminológico, sobre las materias comprendidas en el temario que se publica como anexo de cada convocatoria. El segundo comprende tres pruebas de traducción: una traducción al castellano, sin diccionario, de un texto de carácter general de tipo literario, periodístico o ensayístico redactado en la lengua a cuyo nombramiento se aspira; una traducción inversa, también sin diccionario, de un texto con las mismas características; y una traducción al castellano, con diccionario impreso, de un texto de carácter jurídico o económico. Para terminar, el tercer ejercicio consiste en una prueba de interpretación consecutiva y, si el tribunal lo considera oportuno, un diálogo con el aspirante en la lengua elegida.

Cada una de estas pruebas recibirá la calificación de «apto» o «no apto» y será eliminatoria. La corrección de todas ellas se basará en los criterios publicados previamente a la celebración de las mismas y la lista definitiva de aspirantes aprobados se publicará en el Boletín Oficial del Estado. Una vez presentada la documentación necesaria en el Registro General del Ministerio de Asuntos Exteriores y de Cooperación, la Secretaría General

---

22  Este procedimiento dejó definitivamente de aplicarse el 30 de septiembre de 2015 para las personas que ya estaban matriculadas en 2009 en una licenciatura de Traducción e Interpretación.

Técnica de dicho Ministerio procederá a inscribir el nombramiento de los aspirantes en el Registro de Traductores/as-Intérpretes Jurados/as. En este momento, la OIL remitirá a la Delegación del Gobierno en la Comunidad Autónoma en que resida el TIJ, o al Consulado correspondiente en caso de residir en el extranjero, el original del título para su entrega al interesado, así como dos fichas de registro de firma, a fin de que este estampe su firma y sello en las mismas. Dichas fichas, tras su firma por el interesado, serán devueltas a la Oficina de Interpretación de Lenguas.

Entonces, a cada aspirante aprobado se le asignará un número de TIJ, que será único para cada persona (independientemente de los idiomas para los que haya sido habilitado) y que figurará en su título, en el sello y en su carné acreditativo. En dicho carné aparecerá la fotografía del titular, su nombre y apellidos, su número de DNI o de pasaporte de un Estado miembro de la UE o del EEE, el número único de registro, su nacionalidad, el idioma o idiomas para los que está autorizado y la fecha (o fechas) del nombramiento, tal y como se puede comprobar en el anexo III de la ya citada Orden AEC/2125/2014, de 6 de noviembre:

*Imagen 10: carné de Traductor/a-Intérprete Jurado/a (Fuente: Boletín Oficial del Estado núm. 277)*[23]

ANEXO III

Carné de Traductor/a-Intérprete Jurado/a

Además, los nuevos TIJ pasarán a formar parte del Listado de Traductores/as-Intérpretes Jurados/as de la página web del Ministerio de Asuntos Exteriores y de Cooperación. Se trata de una lista elaborada periódicamente y a efectos informativos por la OIL, con los nombres y apellidos de todos los TIJ, los idiomas para cuya traducción e interpretación hayan sido habilitados, la vía de acceso y la fecha del nombramiento, el número de

---

23 Disponible en https://www.boe.es/boe/dias/2014/11/15/pdfs/BOE-A-2014-11801.pdf [Último acceso el 21 de septiembre de 2017].

TIJ y, solo si se comunica expresamente, los datos de contacto y si están en ejercicio activo.

En caso de que se deseen modificar los datos de contacto que aparecen en el listado, bastará con enviar un correo electrónico a la OIL precisando qué información se desea que aparezca y esta se hará efectiva en la siguiente actualización de la lista. Este procedimiento no está contemplado en la normativa, sino que así ha sido informado a los autores de este manual a través de una consulta vía email realizada a la OIL.

# 5. La superestructura de la traducción jurada

La superestructura —o *estructura esquemática* del texto— es, según el lingüista holandés Van Dijk (1980:53), «la forma global de un discurso, que define la ordenación global del mismo y las relaciones (jerárquicas) de sus respectivos fragmentos». Un texto organiza su contenido desde el punto de vista global en la superestructura y la macroestructura. La macroestructura se refiere al significado global que da sentido al texto mientras que la superestructura se refiere a la forma o a la organización de los textos. Los conceptos *superestructura* y *macroestructura* pueden resultar algo confusos o abstractos según qué tipo de textos estemos analizando, pero en definitiva, podríamos decir que al hablar de *macroestructura* hacemos referencia a las ideas que componen el texto, al contenido; mientras que la *superestructura* indica el orden en que se organizan estas ideas, el «esqueleto» del texto.

Según Barceló y Delgado (2014:40), los conceptos *superestructura* y *macroestructura* adquieren una especial importancia en el proceso de traducción, ya que determinan la organización lingüística y conceptual de cualquier género textual. Esta afirmación es especialmente relevante en el caso de la traducción jurada de textos jurídico-administrativos (como es el caso de los documentos que componen nuestro corpus). Una de las características propias de estos textos es, precisamente, la forma predeterminada de ordenar y presentar la información. Dichos textos obedecen, en muchos casos, a formularios o a modelos establecidos por las instituciones emisoras. Dentro de los textos jurídico-administrativos, aquellos relativos al estado civil de las personas (como p.ej. los certificados de nacimiento, de matrimonio y de defunción) suelen responder a un patrón claramente definido ya establecido por los registros civiles correspondientes, que hemos podido corroborar gracias a la práctica profesional con encargos reales de traducción jurada.

No obstante, en este capítulo vamos a estudiar la superestructura universal de las traducciones juradas, sin entrar en la macroestructura (el contenido) ni la tipología de los textos que se estén traduciendo.

Las traducciones juradas exigen, por el tipo de traducción que son, un formato específico; es decir, deben contener una serie de elementos que le confieran el carácter «oficial» al documento resultante del proceso.

La normativa vigente en España no es muy clarificadora en este sentido y solo regula —como pudimos ver en el capítulo anterior— cuál debe ser la fórmula fedataria, el contenido del sello y la obligatoriedad de anexar a la traducción una copia del documento traducido. Por ello, recomendamos que a la hora de realizar una traducción jurada se siga el siguiente formato:

### a) Título o encabezado

La traducción jurada deberá comenzar por un título o un encabezado, cuya finalidad es la de dar información sobre el documento traducido y aclarar al lector qué documento es el que está a punto de leer. Se puede indicar únicamente que se trata de una traducción jurada, se puede añadir la combinación lingüística, o incluso se puede añadir información sobre el tipo de documento traducido. La cantidad de información que se desee precisar en el título o encabezado se deja a discreción del TIJ. Recomendamos poner el título o encabezado centrado y en negrita para destacarlo y diferenciarlo del cuerpo de la traducción propiamente dicha.

Estos son algunos posibles títulos o encabezado que proponemos:

**Traducción jurada**

**Traducción jurada de inglés a español**

**Traducción jurada de inglés a español de un certificado de nacimiento**

### b) Traducción propiamente dicha

Tras el título o el encabezado se consignará la traducción propiamente dicha del documento original.

### c) Fórmula fedataria

La fórmula fedataria debe ser la indicada por el Ministerio de Asuntos Exteriores y Cooperación en la Orden AEC/2125/2014, de 6 de noviembre:

«Don/Doña ................................................ (nombre y apellidos), Traductor/a-Intérprete Jurado/a de .......................... (idioma) nombrado/a por el Ministerio de Asuntos Exteriores y de Cooperación, certifica que la que antecede es traducción fiel y completa al ................................... (lengua de destino) de un documento redactado en ................................... (lengua de origen).

En ................................... (lugar), a .......................... (fecha)»

Firma.

En el caso de las traducciones inversas, según el apartado 4 del artículo 8 de la Orden AEC/2125/2014, «junto a la misma [fórmula fedataria] podrá figurar su traducción al idioma de que se trate, siempre y cuando dicha traducción se ajuste literalmente a la original en español».

La normativa no aclara, sin embargo, el lugar en el que debe incluirse esta fórmula. Recomendamos que se haga en la última página de la traducción. Asimismo, se procurará que la fórmula nunca quede huérfana en una página en blanco. Si esto sucediera, se puede jugar con aumentar o reducir el interlineado o incluso el tamaño de la fuente para procurar que la fórmula fedataria siempre aparezca junto con parte del documento traducido.

### d) Visé

El visé —también llamado *media firma*— consiste en una firma abreviada que recomendamos consignar en cada una de las páginas del documento traducido, con excepción de la última, en la que se estampará la firma completa.

### e) Firma

La firma completa del TIJ se consignará junto con el sello al final de la traducción, tras haber introducido la fórmula fedataria.

### f) Fecha

La fecha se indicará al final del documento traducido, al consignar la fórmula fedataria.

### g) Sello del TIJ

Según la normativa, el sello del TIJ deberá estamparse al final del documento traducido y en cada una de las páginas del documento original fotocopiado, que deberá anexarse a la traducción. Nuestra recomendación es que el sello no solo se estampe en la última página del documento traducido, sino en todas ellas. Este, además, se deberá estampar en todas las páginas del documento original anexo, tal y como establece la normativa.

Como vimos en el capítulo anterior, el contenido del sello está regulado por la Orden AEC/2125/2014; este debe contener la siguiente información: nombre y apellido(s) del TIJ, idioma(s) para el/los que ha sido autorizado y número de registro del TIJ. No quedan claros, sin embargo, aspectos como el color o el tamaño del sello.

> (NOMBRE Y APELLIDOS)
> Traductor/a-Interprete Jurado/a de (IDIOMA)
> N.º (NÚMERO DE T/I JURADO)

## h) Notas aclaratorias

En caso de ser necesario, la traducción jurada podría contener notas aclaratorias del traductor. Estas aparecerán bien a pie de página, bien mediante acotaciones o aclaraciones que el TIJ realizará entre corchetes para diferenciarlas del contenido del documento original.

## i) Anexo con copia del texto original objeto de traducción

A partir de la entrada en vigor de la Orden AEC/2125/2014, de 6 de noviembre, debe adjuntarse una copia del documento original a la traducción jurada y cada una de las páginas de esta copia debe fecharse y sellarse con el fin de avalar la información traducida. Sin embargo, no se menciona si la firma del TIJ se debe o puede incluir en dicha copia del documento original. En la práctica, la mayoría de los TIJ sí lo hace; nuestra recomendación es incluir la firma del TIJ en las páginas del documento original anexo.

## j) Tipo de papel

En cuanto al tipo de papel, de nuevo la normativa vigente no especifica nada al respecto, por lo que no sería necesario utilizar ningún tipo de papel especial; el folio en blanco tamaño A4 sería suficiente. Sin embargo, algunos TIJ emplean papel timbrado del Estado, pues aseguran que los clientes prefieren las traducciones impresas en este papel al creer, erróneamente, que este le confiere más profesionalidad y validez a la traducción.

A continuación mostramos un ejemplo de la superestructura de una traducción jurada, en este caso impresa en papel timbrado del Estado:

*Imagen 11: ejemplo de traducción jurada (Fuente: encargo profesional)*

TIMBRE DEL ESTADO

0,03 EUROS

TRES CÉNTIMOS DE EURO

OK8931564

CLASE 8.ª

TRADUCCIÓN JURADA DE UN CERTIFICADO DE NACIMIENTO

CERTIFICADO DE NACIMIENTO. Conforme a la Ley de Inscripción de nacimientos y defunciones de 1953 [del Reino Unido]. [En la parte superior derecha aparece: BU XXXX31.
[En la parte superior central aparece un escudo del Reino Unido de Gran Bretaña e Irlanda del Norte].
Número del NHS [Servicio Nacional (Británico) de Salud]: ECFVK XX.

NACIMIENTO. Entrada No. XX. Distrito de inscripción: Leicestershire Central.
Área administrativa: Condado de Leicestershire. Sub-distrito: Leicestershire Central.

NIÑO/A
1. Lugar y fecha de nacimiento: General Hospital [Hospital General], Leicester, veinticinco de abril de 1984 a las 10:38 horas.
2. Nombre y apellido: AXXX BXXX. 3. Sexo: Hombre.

PADRE
4. Nombre y apellido: AXXX BXXX. 5. Lugar de nacimiento: Leicester. 6. Profesión: Agente de seguros.

MADRE
7. Nombre y apellido: M. T. BXXX. 8. Lugar de nacimiento: Leicester. 9.(a) Nombre de soltera: SXXXX. 9. (b) Apellido en el momento de contraer matrimonio en caso de no coincidir con el de soltera: [espacio tachado]. 10. Domicilio habitual (en caso de no coincidir con el del lugar de nacimiento del niño/a): Pares Farm Cottage, Cotes-de-val, Lutterworth, Leicester.

DECLARANTE
11. Nombre y apellido (en caso de ser una persona distinta al padre o la madre): [espacio en blanco]. 12. En calidad de: Padre. 13. Domicilio habitual (en caso de ser distinto al indicado en el apartado 10): [espacio tachado].
14. Certifico que todos los datos consignados en el presente documento son veraces a mi leal saber y entender. Firma del declarante: AXXX BXXX.
15. Fecha de inscripción: veintisiete de abril de 1984. 16. Firma

17. Nombre tras la inscripción en el registro y apellido [espacio tachado].

1

*Imagen 11: ejemplo de traducción jurada (Fuente: encargo profesional)*

TIMBRE
DEL ESTADO

CLASE 8.ª

0,03 EUROS

TRES CÉNTIMOS
DE EURO

OK8931565

[Aparece una línea en la parte inferior central].

Certifico que es copia fiel de una entrada inscrita en un registro que se encuentra bajo mi tutela. [Nombre ilegible escrito a mano] Responsable Adjunto ["adjunto" escrito a mano] del registro. Fecha: 22.12.05 [escrita a mano].
AVISO: EXISTEN DELITOS RELACIONADOS CON LA FALSIFICACIÓN O ALTERACIÓN DE CERTIFICADOS Y CON EL USO Y POSESIÓN DE CERTIFICADOS FALSOS. © CROWN COPYRIGHT [derechos de autor de la Corona].
ADVERTENCIA: UN CERTIFICADO NO ES UNA PRUEBA DE IDENTIDAD.
[El documento original posee una marca de agua con forma de flor en tonos rosas].

*Julia Lobato Patricio, Traductora/Intérprete jurada de inglés nombrada por el Ministerio de Asuntos Exteriores y Cooperación, certifica que la que antecede es traducción fiel y completa al español de un certificado de nacimiento redactado en inglés. En Rota, a 5 de marzo de 2007.*

*Firmado: Julia Lobato Patricio.*

JULIA LOBATO PATRICIO
Traductora - Intérprete
Jurada de Inglés
Nº TIJ 4623

2

# 6. La macroestructura de los documentos registrales

Los géneros textuales jurídicos pertenecientes a una misma cultura presentan características estructurales comunes, que en la mayoría de los casos no coinciden con los de otros sistemas jurídicos ni con los de otras culturas pertenecientes al mismo sistema jurídico (Gémar, 1981:343). Tal y como afirma Barceló (2009:212) los textos jurídicos, por lo general, se caracterizan por ser muy formales y por la ordenación sistemática de su contenido. Según Macías Otón (2016:12), dos de las dificultades a las que se enfrenta el traductor de textos jurídicos son, primero, la identificación del género jurídico al que pertenece el texto y, segundo, la localización de las partes en las que se divide formalmente ese género jurídico en la cultura meta (la identificación de la superestructura de esa tipología textual en la cultura de llegada). Sin embargo, como veremos a continuación, esta segunda dificultad no está tan presente cuando el texto (en este caso jurídico-administrativo) es objeto de una traducción jurada.

En la mayoría de los casos, los textos objeto de traducción jurada van dirigidos al personal trabajador de las instituciones ante las que han de presentarse, que puede que no conozcan el idioma original del TO. Por ello, con el fin de que el receptor de la traducción jurada reconozca el tipo de texto y además este no le cause extrañeza, el TM debe redactarse adaptando la terminología y la fraseología a la tipología textual de la cultura meta. Sin embargo, para que el TM se reconozca visualmente como la traducción del TO —ya que este último ha de anexarse a la traducción jurada y puede ser objeto de cotejo por parte del personal de las instituciones—, hay que mantener, en la medida de lo posible, la superestructura del TO. En este sentido, Borja (2007:208) afirma que en este tipo de documentos es importante que el lector sepa que está ante una traducción y, por tanto, no se debe intentar hacer pasar un documento extranjero por otro español, o viceversa.

Los documentos de registro civil presentan normalmente una disposición preestablecida del contenido que responde a una serie de formalidades determinadas por la tradición, el uso y, en ocasiones, por la legislación. Según Borja (2007:208), este tipo de documentos se caracteriza por presentar fórmulas estereotipadas así como elementos culturales (instituciones, organismos, cargos, topónimos, etc.) o figuras jurídicas inexistentes en otros ordenamientos y que no tienen una equivalencia exacta en el sistema de llegada. Esta autora añade (Borja, 2007:208) que la traducción de este tipo de textos exige el mayor grado de fidelidad posible con respecto al TO y que se deben mantener los rasgos característicos del género original a nivel de macroestructura e «inspirarse» en la fraseología y terminología de la cultura meta.

En palabras de Mayoral (1999:21), «existen dos formas extremas de traducir en general: la que se enfoca en la cultura original y la que se enfoca en la cultura de la traducción». No obstante, más adelante matiza que «rara vez se encuentran en sus formas puras; por lo general, el traductor adopta estrategias de traducción intermedias o mixtas en las que, sobre una base determinada, se intercalan elementos pertenecientes a la otra solución, es decir: una traducción basada en la cultura original pero con algunas soluciones basadas en la cultura de la traducción o viceversa». Según este autor (*ibíd.*), la administración espera que el TIJ utilice la estrategia con foco en la cultura origen (ya sea con foco puro o bien con algunas soluciones basadas en la cultura meta).

En conclusión, se debe crear un TM que siga la superestructura del TO a la vez que se utilizan la terminología y la fraseología propias de la cultura meta. Por tanto, para poder redactar un TM de calidad desde el punto de vista lingüístico, gramatical, fraseológico y terminológico; el TIJ necesita encontrar equivalencias entre las estructuras textuales de la LO y la LM.

Según Macías (2016:13), para extraer los términos y los fraseologismos del TM (búsqueda de equivalencias léxicas), así como los diferentes apartados de la superestructura (búsqueda de equivalencias estructurales), hay que recurrir a textos paralelos. Para facilitar y agilizar esta labor documental del TIJ que se enfrente a una traducción jurada de documentos registrales, presentamos a continuación tres tablas comparativas de la macroestructura (del contenido) de los certificados de nacimiento, matrimonio y defunción españoles, británicos y estadounidenses. Si nos centramos en la macroestructura compartida por estos documentos y dejamos a un lado la superestructura —que sí difiere—, es fácil encontrar las tan necesarias equivalencias textuales.

Presentamos a continuación las tablas comparativas de la macroestructura de los certificados de nacimiento, matrimonio y defunción entre España, el Reino Unido y los Estados Unidos, respectivamente.

## 6.1. Tabla comparativa de la macroestructura de los certificados de nacimiento en España, el Reino Unido y los Estados Unidos

*Tabla 2: comparación de la macroestructura de los certificados de nacimiento en España, el Reino Unido y los Estados Unidos (Fuente: elaboración propia)*

| | Estándar de EE. UU. (2003) | RU | España |
|---|---|---|---|
| **Título** | Certificate of live birth | Certified copy of an entry of birth | Registro Civil de ____ [ciudad] |
| | | Given at the General Register Office | Datos del inscrito |
| **Código de identificación** | Local file no. | Application number | Tomo: ____ - Pagina: ____ |
| | | Registration District | |
| | Birth number | Year of registration | L. [libro] ____ P. [página] |
| | | Birth in the Sub-district of ____ in the ____ [administrative area] | Número ____ [columna izquierda, arriba] |
| | Mother's name | Number of birth [no. of the entry in the index] | Código ____ [margen inferior, a la izquierda] |
| | Mother's medical record no. | Code [format AAAA 111111] | |
| **Recién nacido** | 1. Child's name (first, middle, last, suffix) | 1. When and where born | Nombre |
| | 2. Time of birth (24 hr) | | Primer apellido |
| | 3. Sex | 2. Name, if any | Segundo apellido |
| | 4. Date of birth (mo/day/yr) | | Sexo |
| | 5. Facility name (if not institution, give street and number) | 3. Sex | Hora de nacimiento ____ Día ____ Mes ____ Año ____ |
| | 6. City, town, or location of birth | 10. Name entered after registration | |
| | 7. County of birth | | Lugar |

| | | | |
|---|---|---|---|
| **Madre** | 8.a. Mother's current legal name (first, middle, last, suffix) | 5. Name, surname and maiden surname of mother | Madre: D.ª ___ |
| | 8.b. Date of birth (mo/day/yr) | | Hija de ___ y de ___ |
| | 8.c. Mother's name prior to first marriage (first, middle, last, suffix) | | nacida en ___ [lugar] el ___ [día] de ___ [mes] de ___ [año] |
| | 8.d. Birthplace (state, territory, or foreign country) | | Estado ___ [estado civil] |
| | 9.a. Residence of mother – State | | Nacionalidad ___ |
| | 9.b. County | | |
| | 9.c. City, town, or location | | Domicilio ___ |
| | 9.d. Street and number | | |
| | 9.e. Apt. no. | | |
| | 9.f. ZIP code | | Profesión ___ |
| | 9.g. Inside city limits? Yes – No | | |
| **Padre** | 10.a. Father's current legal name (first, middle, last, suffix) | 4. Name and surname of father | Padre: D. ___ |
| | | | Hijo de ___ y de ___ |
| | 10.b. Date of birth (mo/day/yr) | | nacido en ___ [lugar] el ___ [día] de ___ [mes] de ___ [año] |
| | | | Estado ___ [estado civil] |
| | | | Nacionalidad ___ |
| | 10.c. Birthplace (state, territory, or foreign country) | 6. Occupation of father | Domicilio ___ |
| | | | Profesión ___ |
| **Certificación** | 11. Certifier's name: ___ | 7. Signature, description and residence of informant | Declarante: D. ___ |
| | Title: MD - DO - Hospital admin. - CNM/ CM - Other midwife - Other (specify) ___ | | Calidad en que declara ___ |
| | | | Domicilio ___ |
| | | | Comprobación ___ |

| | 8. When registered | Observaciones ___ |
|---|---|---|
| | | Encargado D. ___ |
| | | Secretario D. ___ |
| | 9. Signature of registrar | A las ___ horas del ___ [día] de ___ [mes] de ___ [año] |
| 12. Date certified MM/DD/YYYY | | Firmas del encargado y del secretario [que inscriben el nacimiento] |
| 13. Date filed by registrar MM/DD/YYYY | Certified to be a true copy of an entry in the certified copy of a Register of Births in the District above mentioned. Given at the General Register Office, under the Seal of the said Office, the ___ day of ___ [month and year] | Certifico que la presente certificación literal expedida con la autorización prevista en el art. 26 del Reglamento del Registro Civil, contiene la reproducción íntegra del asiento correspondiente al Tomo ___ página ___ de la Sección ___ de este Registro Civil. |
| | | Ciudad y fecha de expedición del certificado |
| | | Nombre y firma del encargado del Registro Civil [que expide el certificado] |
| Información para fines administrativos | 14. Mother's mailing address: Same as residence - State, county, street and number, apt. no., ZIP code | Matrimonio entre los padres: ___ [si existe o no] |
| | 15. Mother married? (At time, conception, or any time between) Yes - No. If no, has paternity acknowledgement been signed in the hospital? Yes - No | Día de celebración ___ Mes ___ Año ___ |
| | X | |
| | 16. Social security number requested for child? Yes – No | Lugar ___ |
| | 17. Facility ID (NPI) | |
| | 18. Mother's social security number | Tomo ___ Pág. ___ [de inscripción del matrimonio] |
| | 19. Father's social security number | |

| Información para fines médicos y sanitarios | |
|---|---|
| 20. Mother's education | |
| 21. Mother of Hispanic origin? | |
| 22. Mother's race | |
| 23. Father's education | |
| 24. Father of Hispanic origin? | |
| 25. Father's race | |
| 26. Place where birth occurred | |
| 27. Attendant's name, title, and NPI<br>Name: _____ NPI: _____ Title: MD - DO - CNM/CM - Other midwife - Other (specify) _____ | X |
| 28. Mother transferred for maternal medical or fetal indications for delivery? Yes – No<br>If yes, enter name of facility mother transferred from: _____ | X |
| 29.a. Date of first prenatal care visit MM/DD/YYYY - No prenatal care | |
| 29.b. Date of last prenatal care visit MM/DD/YYYY | |
| 30. Total number of prenatal visits for this pregnancy _____ (if none, enter a "0".) | |
| 31. Mother's height _____ (feet/inches) | |
| 32. Mother's prepregnancy weight _____ (pounds) | |
| 33. Mother's weight at delivery _____ (pounds) | |
| 34. Did mother get WIC food for herself during this pregnancy? Yes – No | |

35. Number of previous live births (do not include this child)

35.a. Now living. Number _____ - None

35.b. Now dead. Number _____ - None

35.c. Date of last live birth MM/YYYY

36. Number of other pregnancy outcomes (spontaneous or induced losses or ectopic pregnancies)

36.a. Other outcomes. Number _____ - None

36.b. Date of last other pregnancy outcome MM/YYYY

37. Cigarette smoking before and during pregnancy (for each period, enter either the number of cigarettes or the number of packs smoked). If none, enter a "0"

38. Principal source of payment for this delivery

39. Date last normal menses began MM/DD/YYYY

40. Mother's medical record number _____

41. Risk factors in this pregnancy

42. Infections present and/or treated during this pregnancy

43. Obstetric procedures

44. Onset of labor

45. Characteristics of labor and delivery

46. Method of delivery

47. Maternal morbidity (complications associated with labor and delivery)

| Información sobre el recién nacido | 48. Newborn medical record number ___ | | |
|---|---|---|---|
| | 49. Birthweight (grams preferred, specify unit) ___ [grams or lb/oz] | | |
| | 50. Obstetric estimate of gestation ___ (completed weeks) | | |
| | 51. Apgar score | | |
| | 52. Plurality - Single. twin, triplet, etc. (specify) ___ | | |
| | 53. If not single birth - Boom first, second, third, etc. (specify) ___ | X | X |
| | 54. Abnormal conditions of the newborn | | |
| | 55. Congenital anomalies of the newborn | | |
| | 56. Was infant transferred within 24 hours of delivery? Yes - No. If yes, name of the facility infant transferred to: ___ | | |
| | 57. Is infant living at the time of report? Yes - No - Infant transferred, status unknown | | |
| | 58. Is infant being breastfed at discharge? Yes – No | | |
| Advertencia | They vary | CAUTION: There are offences relating to falsifying or altering a certificate and using or possessing a false certificate ©Crown Copyright<br><br>WARNING: A certificate is not evidence of identity. | X |

| Elementos de seguridad | The vary : | Printed in red | Sello del Registro Civil de la ciudad |
|---|---|---|---|
| | Edgings | Watermark | Marca de agua con el escudo de España |
| | Watermark | Raised seal | Escudo de España impreso en la esquina superior izquierda, junto a las palabras "Ministerio de Justicia" |
| | Seals | Royal coat of arms | "Registros civiles España" en la esquina superior derecha |
| | Coat of arms | | |
| | Heat sensitive images | Code [lower-left corner, 29 characters] | |
| | Bar code | | |

## 6.2. Tabla comparativa de la macroestructura de los certificados de matrimonio en España, el Reino Unido y los Estados Unidos

*Tabla 3: comparación de la macroestructura de los certificados de matrimonio en España, el Reino Unido y los Estados Unidos. (Fuente: elaboración propia)*

| | Estándar de EE. UU. (1989) | RU | España |
|---|---|---|---|
| Título | License and certificate of marriage | Certified copy of an entry of marriage | Registro Civil de ___ [ciudad] |
| | | Given at the General Register Office | Se inscribe el matrimonio celebrado entre: |
| | | Pursuant to the Marriage Act | |
| Código de identificación | License number | Application number: COL Number | Tomo: ___ - Página: ___ |
| | | | L. [libro] ___ P. [página] ___ |
| | State file number | Number of marriage [no. of the entry in the index] | Número ___ [columna izquierda, arriba] |
| | | | Código ___ [margen inferior, a la izquierda izquierda] |
| Información sobre el esposo | 1. Groom's name (first, middle, last) | 2. Name and surname | Don ___ |
| | 2. Age last birthday | 3. Age | hijo de ___ y ___ |
| | 3.a. Residence - City, town or location | 4. Condition [bachelor/single, previous marriage dissolved, widower, etc.] | nacido en ___ |
| | 3.b. County | 5. Rank or profession | el día ___ de ___ de 19 ___ |
| | 3.c. State | 6. Residence at the time of marriage | inscrito al tomo ___ página ___ |
| | 4. Birthplace (state or foreign country) | 7. Father's name and surname | Estado [soltero, viudo o divorciado] |
| | 5. Date of birth (month, day, year) | 8. Rank or profession of father | Profesión ___ |
| | 6.a. Father's name (first, middle, last) | | Domicilio ___ |
| | 6.b. Birthplace (state or foreign country) | | Nacionalidad ___ |

| | | | |
|---|---|---|---|
| | 7.a. Mother's name (first, middle, maiden surname) | | |
| | 7.b. Birthplace (state or foreign country) | | |
| **Información sobre la esposa** | 8.a. Bride's name (first, middle, last) | 2. Name and surname | Doña____ |
| | 8.b. Maiden surname | 3. Age | hija de ____ y ____ |
| | 9. Age last birthday | 4. Condition [spinster/single, previous marriage dissolved, widow, etc.] | nacida en ____ |
| | 10.a. Residence - City, town or location | 5. Rank or profession | el día____ de____ de 19__ |
| | 10.b. County | 6. Residence at the time of marriage | inscrita al tomo ____ página ____ |
| | 10.c. State | 7. Father's name and surname | Estado [soltera, viuda o divorciada] |
| | 11. Birthplace (state or foreign country) | 8. Rank or profession of father | Profesión____ |
| | 12. Date of birth (month, day, year) | | Domicilio____ |
| | 13.a. Father's name (first, middle, last) | | Nacionalidad____ |
| | 13.b. Birthplace (state or Foreign Country) | | |
| | 14.a. Mother's name (first, middle, maiden surname) | | |
| | 14.b. Birthplace (state or foreign country) | | |
| **Firma de los contrayentes** | We hereby certify that the information provided is correct to the best of our knowledge and belief and that we are free to marry under the laws of this state. | This marriage was solemnized between us, | |
| | 15. Groom's signature | Name of the groom | |
| | | Name of the bride | |
| | | in the presence of us, | |
| | 16. Bride's signature | Name of the witness | |
| | | Name of the witness | |

| | | | |
|---|---|---|---|
| Licencia de matrimonio | This license authorizes the marriage in this state of the parties named above by any person duly authorized to perform a marriage ceremony under the laws of the state of ___. | X | Autorizante D. ___ |
| | 17. Expiration date (month, day, year) | X | |
| | 18. Subscribed to and sworn to before me on: (month, day, year) | X | |
| | 19. Signature of issuing official | X | |
| | 20. Title of issuing official | X | |
| Ceremonia | 21. I certify that the above named persons were married on: (month, day, year) | Registration District ___ | Matrimonio ___ [civil o religioso] |
| | 22.a. Where married - City, town or location | Year | celebrado a las ___ horas, día ___ mes ___ año ___ |
| | 22.b. County | Marriage solemnized at ___ [name of the building] in the district of ___ [name of the district] in the ___ [name of the non-metropolitan county, metropolitan district or London borough] | lugar ___ |
| | 23.a. Signature of person performing ceremony | Married in the ___ [name of the building] by ___ [common licence, special licence, before banns, by superintendent registrar's certificates, etc.] before me, ___ [name and address of the person solemnizing the marriage] | Se practica la inscripción en virtud de ___ [autoridad que ha extendido el acta y nombre y DNI de los dos testigos del matrimonio] |
| | 23.b. Name (type/print) | | |
| | 23.c. Title | | |
| | 23.d. Address of person performing ceremony (Street and number or rural route number. City or Town. State. ZIP code) | | |
| | 24.a. Signature of witness to ceremony | | |
| | 24.b. Signature of witness to ceremony | | |

| Encargado del registro | 25. Signature of local official making return to State Health Department | Certified to be a true copy of an entry in a register in my custody, | Se practica la inscripción en virtud de ___ [autoridad que ha extendido el acta y nombre y DNI de los dos testigos del matrimonio] |
|---|---|---|---|
| | | Name of registrar/superintendent registrar/deputy registrar | Encargado D. |
| | 26. Date filed by local official (month, day, year) | Date | Secretario D. |
| | | Gibraltar: I, [name], Marriage Registrar of Gibraltar, do hereby certify that this is a true copy of the Entry No. ___ in Volume ___ of the Marriage Register Book of this City. Witness my hand and Seal this ___ day of [month and year]    X | A las ___ horas del ___ [día] de ___ [mes] de ___ [año]    X |
| | | | Firma del encargado y del secretario |
| Información confidencial | Confidential information. The information below will not appear on certified copies of the record | | |
| | 27. Number of this marriage - First, second, etc. (Specify below) | | |
| | 27.a. Groom | | |
| | 27.b. Bride | | |
| | 28. If previously married, last marriage ended | | |
| | By death, divorce, dissolution, or annulment (Specify below) | | |
| | 28.a. Groom | | |
| | 28.c. Bride | | |
| | Date (month, day, year) | | |
| | 28.b. Groom | | |
| | 28.d. Bride | | |
| | 29. Race - American, Indian, black, white, etc. (Specify below) | | |

| | | X |
|---|---|---|
| 29.a. Groom | | |
| 29.b. Bride | | |
| 30. Education (Specify only highest grade completed) | | |
| Elementary/Secondary (0–12) | | |
| College (1–4 or 5+) | | |
| 30.a. Groom | | |
| 30.b. Bride | | |
| Advertencia | They vary: | CAUTION: There are offences relating to falsifying or altering a certificate and using or possessing a false certificate ©Crown Copyright |
| | **New Jersey:** Certified copy not valid unless the raised Great Seal of the State of New Jersey or the seal of the issuing municipality or county is affixed hereon. | |
| | This document has multiple security features to deter fraud: void if altered. | |
| | **West Virginia:** Warning: This document is printed on security watermarked paper and contains security fibers. Do not accept without verifying the presence of the watermark. | |

| | | | |
|---|---|---|---|
| **Michigan:**<br>This certified copy valid only when seal and red signature are affixed. | WARNING: A certificate is not evidence of identity. | | |
| **Nevada:**<br>This copy is not valid unless prepared on *SafeImage*™ paper, impressed with the raised seal of the Clark County Recorder<br><br>Keep document in a safe place. Any alteration or erasure voids this certificate | | | |
| **Elementos de seguridad** | They vary: | Gibraltar: X | Sello del Registro Civil de la ciudad |
| | Edgings | Printed in Green | Marca de agua con el escudo de España |
| | Raised seal | Watermark | Escudo de España impreso en la esquina superior izquierda, junto a las palabas "Ministerio de Justicia" |
| | Watermark | Raised seal | "Registros civiles España" en la esquina superior derecha |
| | Security fibers | Royal coat of arms | |
| | Coat of arms of the state | M. Cert - S.R./R.B.D. & M. [Marriage Certificate - Status Register/ Register of Births, Deaths and Marriages] | |

## 6.3. Certificados de matrimonio de parejas del mismo sexo

Como se puede ver en las tablas comparativas anteriores, muchos de los certificados de matrimonio hoy en día en circulación siguen haciendo distinción entre marido y mujer. Esto contrasta con la realidad de estos tres países, en los que el matrimonio entre personas del mismo sexo ya está legalizado.

En España, el matrimonio homosexual se convirtió en una realidad a través de la Ley 13/2005, de 1 de julio, por la que se modificaba el Código Civil en materia de derecho a contraer matrimonio. Unos meses más tarde, la Orden JUS/568/2006, de 8 de febrero, introducía modificaciones en los modelos de asientos y certificaciones del Registro Civil y del Libro de Familia. Concretamente, en el artículo quinto se establece la siguiente modificación de los modelos oficiales de las inscripciones principales de matrimonio:

- Se añade una línea que precede a los datos de cada uno de los cónyuges con la expresión literal «CÓNYUGE A» para el primero de los inscritos, y «CÓNYUGE B» para el segundo.
- Ambos cónyuges se identifican por la expresión de tratamiento «Don/Doña», que ha de preceder a la consignación del correspondiente nombre y apellidos.
- La indicación de la filiación de cada uno de los consortes irá precedida de la expresión «hijo/a de», y la del lugar de su nacimiento por la de «nacido/a en».
- El apartado actualmente destinado a la constancia de la profesión de los cónyuges y que, en cumplimiento de la Orden de 10 de diciembre de 1993, ha de quedar en blanco y cruzado por una raya, se suprime y en su lugar se consignará el sexo del cónyuge.

No obstante, en caso de que el matrimonio esté compuesto por personas de sexo diferente, se podrán utilizar los ejemplares de libro de familia ajustados al modelo anterior, mientras no se agoten los depósitos de los mismos existentes en las oficinas del Registro Civil. Si nos basamos en el corpus objeto de nuestro estudio, comprobamos que en el caso de los certificados de matrimonio de parejas de sexo diferente, algunos registros también siguen utilizando los ejemplares ajustados al modelo anterior a la orden de 8 de febrero de 2006, ya que siguen haciendo distinción entre marido y mujer.

En el Reino Unido, el matrimonio homosexual fue legalizado en Inglaterra y Gales el 17 de julio de 2013, a través de la Marriage (Same Sex Couples) Act 2013, y en Escocia el 12 de marzo de 2014, a través de la Marriage and Civil Partnership (Scotland) Act 2014 (en Irlanda del Norte sigue sin estar legalizado). Sin embargo, al tratarse de un formulario abierto, el certificado de matrimonio británico no contiene distinciones entre sexos y solo la casilla de *condition* (estado civil) podría generar la duda de si inscribir *bachelor* o *spinster*. Pese a que siempre se podría escoger la opción correspondiente al sexo del cónyuge, la HM Passport Office propone en su guía *A Guide for Authorised Persons* (última actualización en febrero de 2015) que toda persona que no haya contraído previamente matrimonio reciba la denominación de *single*.

En Estados Unidos, la implantación del matrimonio homosexual ha sido paulatina. Massachusetts fue el primer estado en legalizarlo el 17 de mayo de 2004. Desde entonces, la mayoría de estados se fueron sumando a la legalización hasta que el Tribunal Supremo de los Estados Unidos declaró el 26 de junio de 2015 que cualquier prohibición estatal contra el matrimonio entre parejas del mismo sexo era inconstitucional. A partir de entonces, el matrimonio homosexual es legal en todos los estados, en el distrito federal de Washington y en todos los territorios estadounidenses excepto Samoa Americana.

Como sabemos, el último certificado de matrimonio estándar que propuso el National Center for Health Statistics data de 1989 y contiene, por tanto, la distinción entre *groom* y *bride* como norma general. A la espera de que una futura revisión de los estándares corrija esta distinción, algunos estados se han adelantado a la reforma. Por ejemplo, en los certificados de matrimonio del estado de Florida, los término *groom* y *bride* han sido sustituidos por el hiperónimo neutro *spouse*.

Imagen 12: *certificado de matrimonio de parejas del mismo sexo de Florida. (Fuente: Orlando Sentinel.com)*[24]

Department of Health - Office of Vital Statistics

(STATE FILE NUMBER)

**STATE OF FLORIDA**
**MARRIAGE RECORD**
**TYPE IN UPPER CASE**
**USE BLACK INK**
This license not valid unless seal of Clerk,
Circuit or County Court, appears thereon.

(APPLICATION NUMBER)

**APPLICATION TO MARRY**

| 1. NAME OF SPOUSE *(First, Middle, Last)* | 1b. MAIDEN SURNAME *(if applicable)* | 2. DATE OF BIRTH *(Month, Day, Year)* |
|---|---|---|
| 3a. RESIDENCE - CITY, TOWN, OR LOCATION | 3b. COUNTY | 3c. STATE | 4. BIRTHPLACE *(State or Foreign Country)* |
| 5. NAME OF SPOUSE *(First, Middle, Last)* | 5b. MAIDEN SURNAME *(if applicable)* | 6. DATE OF BIRTH *(Month, Day, Year)* |
| 7a. RESIDENCE - CITY, TOWN, OR LOCATION | 7b. COUNTY | 7c. STATE | 8. BIRTHPLACE *(State or Foreign Country)* |

WE THE APPLICANTS NAMED IN THIS CERTIFICATE, EACH FOR HIMSELF OR HERSELF, STATE THAT THE INFORMATION PROVIDED ON THIS RECORD IS CORRECT TO THE BEST OF OUR KNOWLEDGE AND BELIEF, THAT NO LEGAL OBJECTION TO THE MARRIAGE NOR THE ISSUANCE OF A LICENSE TO AUTHORIZE THE SAME IS KNOWN TO US AND HEREBY APPLY FOR LICENSE TO MARRY.

| 9. SIGNATURE OF SPOUSE *(Sign full name using black ink)* | 10. SUBSCRIBED AND SWORN TO BEFORE ME ON (DATE) |
| 11. TITLE OF OFFICIAL | 12. SIGNATURE OF OFFICIAL *(Use black ink)* |
| 13. SIGNATURE OF SPOUSE *(Sign full name using black ink)* | 14. SUBSCRIBED AND SWORN TO BEFORE ME ON (DATE) |
| 15. TITLE OF OFFICIAL | 16. SIGNATURE OF OFFICIAL *(Use black ink)* |

SEAL

**LICENSE TO MARRY**

24 Disponible en: http://touch.orlandosentinel.com/#section/-1/article/p2p-84424688/ [Último acceso el 24 de octubre de 2017].

# 6.4. Tabla comparativa de la macroestructura de los certificados de defunción en España, el Reino Unido y los Estados Unidos

*Tabla 4: comparación de la macroestructura de los certificados de defunción en España, el Reino Unido y los Estados Unidos (Fuente: elaboración propia)*

| | Estándar de EE. UU. (2003) | RU | España |
|---|---|---|---|
| Título | Certificate of death | Certified copy of an entry of death | Registro Civil de ____ [ciudad] |
| | | Given at the General Register Office | Datos de identidad del difunto |
| Código de identificación | License number | Application number: COL Number | Tomo: ____ Página: ____ |
| | | Registration District | L. [libro] ____ P. [página] |
| | State file number | Year of registration | |
| | | Death in the Sub-district of ____ in the ____ [administrative area] | Número ____ [columna izquierda, arriba] |
| | Name of decedent for use by physician or institution | Number of death [no. of the entry in the index] | Código ____ [margen inferior, a la izquierda] |
| | | Code [format AAA 111111] | |
| Datos del difunto | To be completed/verified by: Funeral director | 2. Name and surname | Nombre |
| | 1. Decedent's legal name (include AKA's if any) (first, middle, last) | | Primer apellido |
| | 2. Sex | | |
| | 3. Social security number | | Segundo apellido |
| | 4.a. Age - Last birthday (years) | | |

| | | |
|---|---|---|
| 4.b. Under 1 year (months and days) | 3. Sex | Hijo de ___ y de ___ |
| 4.c. Under 1 day (hours and minutes) | | |
| 5. Date of birth (mo/day/yr) | | Estado ___ [estado civil] |
| 6. Birthplace (city and state or foreign country) | | |
| 7.a. Residence - State | | Nacionalidad ___ |
| 7.b. County | | |
| 7.c. City or town | | |
| 7.d. Street and number | 4. Age | Nacido el día ___ de ___ [mes] de ___ [año] en ___ [lugar] |
| 7.e. Apt. no. | | |
| 7.f. ZIP code | | Inscrito al tomo ___ |
| 7.g. Inside city limits? Yes - No | | |
| 8. Ever in US armed forces? Yes - No | | |
| 9. Marital status at time of death? | | |
| Married - Married, but separated - Widowed - Divorced - Never married - Unknown | 5. Occupation | Domicilio último ___ |
| 10. Surviving spouse's name (if wife, give name prior to first marriage) | | |
| 11. Father's name (first, middle, last) | | Otros títulos o datos ___ [p. ej., nombre de los hijos] |
| 12. Mother's name prior to first marriage (first, middle, last) | | |
| **Informante** 13.a. Informant's name | 7. Signature, description and residence of informant | Declaración de D. ___ |
| 13.b. Relationship to decedent | | En su calidad de ___ |
| 13.c. Mailing address (street and number, city, state, ZIP code) | | Domicilio ___ |

| | | 1. When and where died | | Lugar ___ |
|---|---|---|---|---|
| Lugar de la muerte | 14. Place of death (check only one: see instructions) | | | |
| | If death occurred in a hospital. Inpatient - Emergency room/Outpatient - Death on arrival | | | |
| | If death occurred somewhere other than a hospital. Hospice facility - Nursing home/Long term care facility - Decedent's home - Other (specify) | | | |
| | 15. Facility name (if not institution, give street & number) | | | |
| | 16. City or town, state and ZIP code | | | |
| | 17. County of death | | | |
| Entierro | 18. Method of disposition | | | El enterramiento será en ___ |
| | Burial - Cremation - Donation - Entombment - Removal from state - Other (specify) | | | |
| | 19. Place of disposition (name of cemetery, crematory, other place) | | X | |
| | 20. Location - City, town and state | | | |
| | 21. Name and complete address of funeral facility | | | |
| | 22. Signature of funeral service licensee or other agent | | | |
| | 23. License number (of licensee) | | | |
| Certificación de la muerte | To be completed by: Medical certifier | 6. Cause of death | | Defunción: Hora ___ día ___ de ___ [mes] de [año] |
| | 24. Date pronounced dead (mo/day/yr) | | | |

| | | Lugar ___ |
| --- | --- | --- |
| | | Causa ___ |
| 25. Time pronounced dead | | |
| 26. Signature of person pronouncing death (only when applicable) | | |
| 27. License number | | |
| 28. Date signed (mo/day/yr) | | |
| 29. Actual or presumed date of death (mo/day/yr) (Spell month) | | |
| 30. Actual or presumed time of death | | |
| 31. Was medical examiner or coroner contacted? Yes - No | | |
| 32. Cause of death (see instructions and examples) | | |
| Part I. Enter the chain of events - diseases, injuries, or complications - that directly caused the death. Do not enter terminal events such as cardiac arrest, respiratory arrest, or ventricular fibrillation without showing the etiology. Do not abbreviate. Enter only one cause on a line. Add additional lines if necessary | | |
| a. Immediate cause (final disease or condition resulting in death). Approximate interval: Onset to death | | |
| b. c. & d. Sequentially list conditions, if any, leading to the cause listed on line a. Enter the underlying cause (disease or injury that initiated the events resulting in death). Approximate interval: Onset to death | | |
| Part II. Enter other significant conditions contributing to death but not resulting in the underlying cause given in Part I | | |

| | |
|---|---|
| 33. Was an autopsy performed? Yes - No | |
| 34. Were autopsy findings available to complete the cause of death? Yes - No | |
| 35. Did tobacco use contribute to death? Yes - Probably - No - Unknown | |
| 36. If female | |
| Not pregnant within the past year - Pregnant at time of death - Not pregnant, but pregnant within 42 days of death - Not pregnant, but pregnant 43 days to 1 year before death - Unknown if pregnant within the past year | |
| 37. Manner of death | |
| Natural - Homicide - Accident - Pending investigation - Suicide - Could not be determined | |
| 38. Date of injury | |
| 39. Time of injury | |
| 40. Place of injury (decedent's home; construction site; restaurant; wooded area) | |
| 41. Injury at work? Yes - No | |
| 42. Location of injury (state, city or town, street & number, apt. no., ZIP code) | |
| 43. Describe how injury occurred | |
| 44. If transportation injury, specify | |
| Driver/operator - Passenger - Pedestrian - Other (specify) | |

| Certificador | 45. Certifier [of death] (check only one) | | Comprobación: Médico D. ___ |
|---|---|---|---|
| | Certifying physician - To the best of my knowledge, death occurred due to the cause(s) and manner stated | | |
| | Pronouncing & certifying physician - To the best of my knowledge, death occurred at the time, date, and place, and due to the cause(s) and manner stated | | |
| | Medical examiner/Coroner - On the basis of examination, and/or investigation, in my opinion, death occurred at the time, date, and place, and due to the cause(s) and manner stated | X | Colegiado núm. ___ |
| | Signature of certifier | | |
| | 46. Name, address, and ZIP code of person completing cause of death (item 32) | | Número del parte ___ |
| | 47. Title of certifier | | |
| | 48. License number | | |
| | 49. Date certified (mo/day/yr) | | |
| **Registro** | 50. For registrar only - Date filed (mo/day/yr) | 8. When registered | Encargado D. ___ <br> Secretario D. ___ |
| | | 9. Signature of registrar | A las ___ horas del ___ [día] de ___ [mes] de ___ [año] |
| | | | Firmas del encargado y del secretario [que inscriben la defunción] |
| | | Certified to be a true copy of an entry in the certified copy of a Register of Deaths in the District above mentioned. Given at the General Register Office, under the Seal of the said Office, the ___ day of ___ [month and year] | Certifico que la presente certificación literal expedida con la autorización prevista en el art. 26 del Reglamento del Registro Civil, contiene la reproducción íntegra del asiento correspondiente al Tomo ___ página ___ de la Sección ___ de este Registro Civil. |

| | | Ciudad y fecha de expedición del certificado | Nombre y firma del encargado del Registro Civil [que expide el certificado] |
|---|---|---|---|
| **Información para fines administrativos** | To be completed by: Funeral director | | |
| | 51. Decedent's education - Check the box that best describes the highest degree or level of school completed at the time of death | | |
| | 8th grade or less - 9th-12th grade; no diploma - High school graduate or GED completed - Some college credit, but no degree - Associate degree (e.g., AA, AS) - Bachelor's degree (e.g., BA, AB, BS) - Master's degree (e.g., MA, MS, Meng, Med, MSW, MBA) - Doctorate (e.g., PhD, EdE) or Professional degree (e.g., MD, DDS, DVM, LLB, JD) | | |
| | 52. Decedent of Hispanic origin? - Check the box that best describes whether the decedent is Spanish/Hispanic/Latino. Check the "No" box if decedent is not Spanish/Hispanic/Latino | | |
| | No, not Spanish/Hispanic/Latino - Yes, Mexican, Mexican American, Chicano - Yes, Puerto Rican - Yes, Cuban - Yes, other Spanish/Hispanic/Latino (specify) | X | |
| | 53. Decedent's race (Check one or more races to indicate what the decedent considered himself or herself to be) | | X |

81

| | | | |
|---|---|---|---|
| | White - Black or African American - American Indian or Alaska Native (name of the enrolled or principal tribe) ____ - Asian Indian - Chinese - Filipino - Japanese - Korean - Vietnamese - Other Asian (specify) ____ - Native Hawaiian - Guamanian or Chamorro - Samoan - Other Pacific Islander (specify) ____ - Other (specify) | | |
| | 54. Decedent's usual occupation (indicate type of work done during most of working life. Do not use retired) | | |
| | 55. Kind of business/industry | | |
| Advertencia | They vary | CAUTION: There are offences relating to falsifying or altering a certificate and using or possessing a false certificate ©Crown Copyright<br>WARNING: A certificate is not evidence of identity. | X |
| Elementos de seguridad | They vary: | Printed in purple | Escudo de España en la esquina superior izquierda junto con las palabras "Ministerio de Justicia" |
| | Edgings | | |
| | Raised seal | Watermark | "Registros civiles de España" en la esquina superior derecha |
| | Watermark | Raised seal | |
| | Security fibers | Royal coat of arms | Sello del Registro Civil de la ciudad |
| | Coat of arms of the state | Code [lower-left corner, 29 characters] | |

# 7. Metodología para la realización de una traducción jurada

Ante la falta de regulación, muchos TIJ se sienten algo perdidos o confusos a la hora de proceder con la realización de una traducción jurada y se preguntan, por ejemplo, en qué orden se traducen los elementos presentes en el TO, qué se hace cuando aparece algo tachado o escrito a mano en el TO, o cómo se traducen los membretes, logotipos, sellos, rúbricas, marcas de agua, etc. Estas y otras muchas cuestiones son las que pretendemos aclarar en este apartado, al ofrecer al TIJ una guía práctica, desde el punto de vista metodológico, para la correcta realización de las traducciones juradas en general (y en particular de documentos de registro civil).

Antes, nos detendremos muy brevemente para mencionar algunas de las escasas referencias existentes hasta el momento que tratan los aspectos metodológicos de la traducción jurada.

Destacamos, en primer lugar, las *Normas transitorias para el ejercicio profesional de los Intérpretes Jurados*[25] de la Asociación Profesional Española de Traductores e Intérpretes (APETI), publicadas varios años después de su proclamación por Márquez Villegas en Ortega, E. y P. San Ginés, (1997) *Introducción a la traducción jurídica y jurada (inglés-español)*, Granada, Comares. En estas normas se daban una serie de recomendaciones que, si bien algunas de ellas se podrían seguir aplicando, otras muchas han quedado en desuso, ya sea porque los avances informáticos han hecho que queden obsoletas o bien debido a las regulaciones introducidas por la última normativa[26] dictada por el Ministerio de Asuntos Exteriores.

Por otro lado, la Asociación Española de Traductores, Correctores e Intérpretes (Asetrad) ofrece en su página web un apartado de FAQs[27] sobre Traducción-Interpretación Jurada, en el que se recogen las respuestas a una serie de preguntas sobre el ejercicio profesional. Estas están relacionadas

---

25  Publicadas por la APETI en 1992. No están disponibles para su consulta *online*.
26  Orden AEC/2125/2014, de 6 de noviembre, por la que se dictan normas sobre los exámenes para la obtención del título de Traductor-Intérprete Jurado.
27  Se pueden consultar en el siguiente enlace: https://asetrad.org/preguntas-frecuen tes/traduccion-interpretacion-jurada [Último acceso el 18 de julio de 2017].

con cuestiones de certificación, firma y sello, y con la presentación de las traducciones, las tarifas, los requisitos para el ejercicio de la profesión y las competencias del traductor. Finalmente, contiene también un apartado en el que se recogen los enlaces a la legislación.

En cuanto a asociaciones profesionales exclusivas de TIJ, podemos citar la Asociación de Traductores e Intérpretes Jurados de Cataluña (ATIJC)[28], que fue fundada en Cataluña en 1992 y que, tal y como proclama en su página web, se encarga de la defensa de la profesión ante las autoridades administrativas. No obstante, no ha publicado ningún tipo de documento en el que se recojan pautas sobre cómo hacer una traducción jurada.

Incluimos aquí también a APTIJ[29], la Asociación Profesional de Traductores e Intérpretes Judiciales y Jurados. Según sus estatutos, su finalidad es la de contribuir a la dignificación y profesionalización de la actividad de los traductores e intérpretes judiciales, así como la de los TIJ. Es una asociación sin ánimo de lucro que reúne a profesionales de la traducción y de la interpretación que actúan en sede judicial y policial, a TIJ nombrados por el Ministerio de Asuntos Exteriores y de Cooperación o por las comunidades autónomas con competencias en la materia y a docentes e investigadores del ámbito de la traducción e interpretación jurídica o jurada. Sin embargo, esta asociación tampoco incluye en su página web ninguna recomendación para la realización de las traducciones juradas.

A este respecto, no podemos dejar de mencionar un artículo, publicado en 2012 en la revista *Panace@* por Roberto Mayoral Asensio, titulado «Guía para la traducción jurada de documentos de registro civil (nacimiento y defunción) del inglés al español». En este exhaustivo trabajo, Mayoral, basándose en su amplia experiencia como TIJ, trata algunos de los problemas que el TIJ encuentra en la traducción de este tipo de documentos y ofrece una solución a los mismos. Además, al final del artículo, Mayoral incluye un amplio glosario inglés-español sobre términos relacionados con los certificados de nacimiento y defunción, cuya consulta recomendamos.

---

28 Disponible en: http://atijc.com/es/default.htm [Último acceso el 25 de septiembre de 2017].

29 Disponible en: http://www.aptij.es [Último acceso el 25 de septiembre de 2017].

## 7.1. ¿Cómo se hace una traducción jurada?

En este apartado nos basaremos en nuestra experiencia profesional como TIJ, además de en las fuentes anteriormente mencionadas, para ofrecer una guía útil y práctica que sirva al TIJ de referencia a la hora de realizar una traducción jurada. Hemos de aclarar que la solución propuesta es siempre una recomendación, puesto que no existe regulación normativa al respecto de los asuntos tratados. Presentamos y explicamos a continuación los aspectos que suelen generar mayor duda o que consideramos necesario aclarar con respecto a la metodología de una traducción jurada.

### 7.1.1. Documento a partir del que se traduce

Recomendamos que el TIJ tenga acceso al documento original en algún momento del proceso de traducción (puesto que de esta forma podrá observar todos los elementos de seguridad o marcas de agua presentes en el mismo) y que a la hora de traducir lo haga a partir de una copia del mismo (ya sea en papel o en formato electrónico) con el fin de no deteriorar el documento original.

No obstante, la normativa no indica nada al respecto, por lo que el TIJ también podría traducir a partir de una fotocopia o de un documento escaneado facilitado por el cliente. Se recomienda que, en este caso, se indique al cliente que, puesto que no se ha tenido acceso al documento original durante el proceso de traducción, en la fórmula fedataria se indicará que la traducción se ha realizado a partir de un documento fotocopiado o escaneado.

### 7.1.2. Palabras que figuren en otros idiomas

Si en el TO aparecen palabras redactadas en un idioma distinto al del TO, el traductor deberá abstenerse de traducirlas a la LM (aunque entienda su significado) a menos que haya obtenido el nombramiento de TIJ también para ese idioma. La normativa no regula cómo debe actuar el TIJ en estos casos. Se recomienda transcribir esas palabras en el idioma original y realizar una breve aclaración entre corchetes o mediante nota al pie.

### 7.1.3. Aclaraciones del TIJ en el TM

Cualquier aclaración no formulada en el TO que haga el TIJ dentro del TM se realizará siempre entre corchetes [ ]; en los casos en los que esta explicación sea más extensa, se hará mediante nota al pie (sin corchetes).

### 7.1.4. Título del documento original

En los certificados de nacimiento, matrimonio y defunción expedidos por EE. UU. y RU aparece un título, mientras que en los expedidos por el Registro Civil español es frecuente que no se incluyan; si optamos por la estrategia de ser fieles a la superestructura del TO, habría que traducir ese título e incluirlo en el TM cuando se trate una traducción inglés-español.

### 7.1.5. Disposición del documento original

Cuando el documento original presente un formato especial (que contenga tablas o esté en formato horizontal, p.ej.), podrá optarse por imitar dicho formato o bien por redactar el TM todo seguido en vertical. En cualquier caso, se elegirá la opción con la que se presente la información de la forma más clara. Si el TIJ opta por una orientación vertical para la traducción de un TO que presentaba una disposición horizontal o que estaba dividido en columnas o presentaba tablas, podrá indicarlo insertando una aclaración entre corchetes como la siguiente: *[El documento original aparece dispuesto en columnas]*.

### 7.1.6. Orden de los elementos presentes en el TO

Una de las dudas que puede surgir al TIJ cuando se enfrenta a la traducción de un TO es el orden en el que se traducen los elementos. Recomendamos que, de forma sistemática, se traduzcan los elementos de izquierda a derecha y de arriba abajo.

No obstante, volvemos a hacer una llamada al sentido común, puesto que si, p.ej., hay un sello superpuesto en el TO que pisa parte del contenido, no se debe interrumpir la redacción del TM para incluir la información del sello; es mejor hacerlo una vez que finalicemos el párrafo o hacerlo al final de la traducción.

Cuando en el TO haya un número considerable de elementos paratextuales (sellos, membretes, logotipos, marcas de agua, etc.), podrá considerarse la opción de incluirlos al final de la traducción, indicando en detalle el lugar que ocupaban en el TO y su forma, color, contenido, etc.

En el caso de que en el TO coexistan varios sellos que contienen legalizaciones, se recomienda traducirlos en orden cronológico, cada uno con su firma correspondiente.

### 7.1.7. Elementos paratextuales del TO

En una traducción jurada se traduce «todo» o, más bien, es necesario indicar todos y cada uno de los elementos presentes en el documento original. Aunque no existe normativa que indique cómo proceder, no se deben reproducir o imitar estos elementos, sino que se recomienda ofrecer una descripción lo más detallada posible de dichos elementos paratextuales (sellos, escudos, logotipos, membretes, marcas de agua, marcas de seguridad, etc.).

Los sellos tienen normalmente un valor jurídico y suelen añadirse al final del TO para dar validez al mismo. Los membretes y logotipos, por su parte, aparecen normalmente impresos en el formulario y no suelen tener valor jurídico, sino que se limitan a dar información sobre la institución expedidora.

En el caso de que parte (o la totalidad) de la información contenida en un sello no se pueda leer con claridad se recomienda indicarlo en la traducción de la siguiente manera: *[sello parcialmente ilegible]* o *[sello ilegible]*.

### 7.1.8. Elementos tachados en el TO

Cuando un TO presente elementos tachados, se procederá a indicarlo entre corchetes en la traducción y no se tratará de imitar el formato del TO. Es decir, no se tachará en el TM la palabra o palabras que así aparezcan en el TO, sino que, a continuación de las mismas, se incluirá una aclaración como la que sigue: *[estas palabras aparecen tachadas en el documento original]*.

### 7.1.9. Elementos manuscritos en el TO

Al igual que para los elementos tachados, los elementos manuscritos no se reproducirán imitando el formato manuscrito del TO, sino que se indicará mediante una aclaración entre corchetes que dicho término aparece manuscrito.

Es muy frecuente que en los certificados de registro civil encontremos parte de la información manuscrita, sobre todo en documentos inscritos con anterioridad al año 2000. En los casos en que toda la información del formulario esté manuscrita, no será necesario explicitarlo en la traducción, puesto que esta aclaración no aporta ningún valor a la misma. Sin embargo, si en un certificado redactado de forma electrónica encontramos una o dos anotaciones a mano, sí podría ser conveniente advertirlo expresamente mediante una amplificación con nota al pie o entre corchetes en el cuerpo de la traducción.

### 7.1.10. Elementos ornamentales del TO

En el caso de los certificados de registro civil procedentes de EE. UU. es habitual que el papel del certificado contenga elementos ornamentales como, p.ej., una cenefa en su contorno. Este elemento no se reproducirá imitando el formato del TO, sino que se describirá entre corchetes al igual que se hace con los escudos o logotipos. Se recomienda hacer esta descripción al final de la traducción, antes de insertar la fórmula fedataria.

### 7.1.11. Espacios en blanco en el TO

Si en la redacción de un párrafo del TO aparecieran espacios en blanco, se podrá indicar este hecho en el TM mediante una aclaración entre corchetes, p. ej.: *[Aparece un espacio en blanco]*.

Los documentos expedidos por el registro civil encierran una historia personal que se va revelando a medida que vamos traduciéndolos. Estos documentos, que normalmente son formularios estándar que el funcionario correspondiente rellena, contienen apartados que no siempre aparecen cumplimentados. Desde un punto de vista purista, el TIJ debe traducir «todo» lo que aparece en el TO; sin embargo en la práctica no siempre se sigue esta corriente. Cuando nos encontramos apartados que no han sido rellenados en un certificado (p. ej. un certificado de nacimiento en el que se especifica que ha sido un parto simple y en el siguiente apartado, que se dejó en blanco, se dice *if not single birth: born first, second, etc. Specify.*), el TIJ debe cuestionarse si debe trasladar a su traducción también ese apartado y especificar que se encuentra en blanco, o tan solo limitarse a reflejar la información que sí ha sido rellenada.

Al no existir normativa al respecto, hay divergencia de opiniones entre los TIJ. Nuestra recomendación es que, teniendo en cuenta la finalidad de la traducción jurada y el destinatario de la misma, se incluya toda la información pertinente; los apartados que no aporten nada de información por estar en blanco ni sean relevantes para que la traducción alcance su objetivo final sí podrán omitirse. Si por el contrario hay apartados en blanco que el TIJ considera relevantes y que cree necesario mantener en el TM, lo indicará entre corchetes con la aclaración *[espacio en blanco], [no consta ninguna información]* o alguna otra solución similar. A este respecto, se hace una llamada al sentido común del TIJ.

### 7.1.12. Firmas

Cuando aparecen firmas en los documentos originales, proponemos no hacer el intento de descifrar su contenido ni de transcribirlo (aunque la caligrafía sea clara y la podamos leer sin problemas), sino escribir directamente *firma* o *rúbrica ilegible*; o bien simplemente *firma* o *rúbrica*.

### 7.1.13. Números

Los números se reproducirán siempre tal y como figuran en el documento original (arábigos o romanos) en cifra o en letra. Si en un TO aparecen varios números y no se ha mantenido la coherencia, sino que unas veces aparecen expresados en cifras y otras en letras, se optará por una sola opción de manera que en el TM sí se mantenga la coherencia.

### 7.1.14. Fechas

Debemos tener en cuenta el formato en el que aparecen los elementos de la fecha. En los documentos expedidos por los Estados Unidos, el formato más habitual es el de *mes-día-año*; sin embargo, en España y el Reino Unido, la convención es *día-mes-año*.

Cuando la fecha es 01-30-17, no hay mucha confusión y está claro que se trata del 30 de enero de 2017; sin embargo, si encontramos en un TO de Estados Unidos la fecha 04-05-17, podemos dudar de si se trata del cinco de abril o del cuatro de mayo. La recomendación es que, en caso de duda, consultemos siempre que podamos al cliente (ya que normalmente en este tipo de documentos se maneja información personal). En caso de no poder hacerle la consulta al cliente, recomendamos comprobar el formato del resto de las fechas que aparecen en el documento original (ya que lo normal es que haya una coherencia en cuanto al formato empleado en todas ellas) y, si solo hay una fecha (y el documento procede de EE. UU.), entender su formato como *mes-día-año*.

Otra duda frecuente suele ser si escribir las fechas en letra o en número. Puede seguirse el estilo del TO, no obstante, cuando en el TO se utilizan indistintamente las letras o los números y se mezclan estilos, se recomienda hacerlo con sentido común y mantener una coherencia en el formato de todas las fechas que aparecerán en el TM.

En un documento registral podemos encontrar varias fechas: la del día en que tuvo lugar el hecho que se inscribe (por ejemplo, el nacimiento), la del día de inscripción de dicho hecho en el registro correspondiente, la del día de expedición de la certificación por parte del registro y, en su caso, la fecha de legalización del documento original por parte de la institución correspondiente. Por lo tanto, resulta de utilidad para el TIJ observar el TO y entender la historia del documento atendiendo a las fechas que en él aparecen.

## 7.1.15. Abreviaturas

En general se prefiere la forma completa. Si no hubiera espacio suficiente en el TM, se podrán emplear las abreviaturas del TO que posean una equivalencia consagrada en la LM o, incluso, se podrá abreviar alguna palabra que en el TO no aparecía abreviada (siempre que esta posea una abreviatura oficial en la LM). De esta manera, se compensará una abreviatura del TO que no ha podido abreviarse en la LM (por no tener equivalente abreviado), con otra que en el TO empleaba la forma completa.

## 7.1.16. Direcciones postales

En este tipo de documentos las direcciones postales nunca se traducen, puesto que el fin último de las mismas no es la comprensión de las palabras que conforman la dirección, sino la identificación del lugar. El TIJ se limitará a transcribir las direcciones tal y como aparecen en el TO. Podrá traducirse a la LM el nombre de la ciudad o del país si tradicionalmente se ha venido haciendo así en esta lengua y tiene una traducción muy consagrada.

### 7.1.17. Nombres propios y apellidos

Los nombre propios y los apellidos no se traducen; se transcribirán tal y como aparezcan en el TO. En los certificados redactados en inglés, no se incluyen las tildes de los nombres propios españoles puesto que la redacción atiende a las normas ortográficas del inglés; ahora bien, si traducimos hacia el español, debemos incluir la tilde de los nombres propios españoles que según las normas ortográficas españolas la lleven (aunque en el TO no figuren).

Debemos tener en cuenta que en la mayoría de los países anglosajones las personas poseen dos nombres de pila y un apellido, mientras que en España las personas pueden tener uno o más nombres de pila y siempre dos apellidos. Se recomienda prestar atención a este hecho para poder reflejarlo de forma correcta y sin confusión en el TM. Puede ser frecuente que en un TO redactado en inglés confundan el primer apellido de la persona (española) con el nombre de pila (*middle name*).

### 7.1.18. Nombres de instituciones y organismos

Solo se traducirán si existe un equivalente oficial; de lo contrario, la preferencia es mantenerlo en la LO y ofrecer entre corchetes o bien una traducción literal (siempre que esta sea necesaria y comprensible), o bien una explicación (entre corchetes o mediante una nota al pie).

### 7.1.19. Referencias a legislación o normativas del país de origen

Se recomienda que siempre que aparezca una referencia a alguna normativa se busque la traducción oficial de la misma en la LM (p.ej. si se trata de una normativa europea transpuesta a los distintos Estados miembros, acuerdos internacionales, etc.). En caso de no existir traducción oficial, nuestra propuesta es mantener el nombre de la normativa en la lengua original, añadir el país y, en caso de considerarse necesario, ofrecer entre corchetes una traducción literal o explicativa de la misma a la LM.

## 7.1.20. Apostillas

Desde el punto de vista de la traducción jurada, a la hora de traducir una Apostilla de La Haya a cualquier idioma debemos tener en cuenta que el título «APOSTILLE (Convention de La Haye du 5 octobre 1961)» debe redactarse siempre en francés, en conformidad con el artículo 4 del propio Convenio.

## 7.1.21. Errores en el TO

En caso de que el TIJ detecte un error en el TO recomendamos que, al igual que en otras situaciones, se aplique el sentido común para decidir si corregirlo o reproducirlo en el TM. Se debe distinguir entre erratas tipográficas en términos comunes, que recomendamos corregir siempre que al hacerlo no modifiquemos el sentido del TO; y errores en términos sensibles (cifras, fechas, lugares, nombres propios, etc.), que recomendamos que el TIJ reproduzca de forma exacta al original insertando el adverbio latino *sic* entre corchetes tras el error. Este adverbio procede de la locución latina *sic erat scriptum*, cuyo significado es 'así fue escrito'.

Ejemplos:

En un certificado de defunción:
En el TO aparecía el nombre de la persona inscrita de tres formas diferentes, dos de ellas de forma errónea. Resultaba evidente que se había producido un error tipográfico al insertar el nombre de la persona, sin embargo, al tratarse de un error cometido en un nombre propio y no en otro término común, optamos por no modificarlo en el TM:

Ernestina Guerriero [sic]
Ernastina [sic] Guerrero
Lo correcto hubiera sido, en ambos casos, *Ernestina Guerrero*.

En un certificado de matrimonio:
En el TO aparecían varios topónimos y en uno de ellos había un error, ya que daba a entender que la ciudad de Benalmádena se encontraba en Francia puesto que aparecía redactado de la siguiente forma: *Benalmadena (France)*. En este caso se optó por corregirlo en el TM y hacer una pequeña aclaración amplificativa del TIJ en una nota al pie de página. También se podría haber optado por ser fiel al TO y reproducir el error añadiendo *[sic]*.

En un poder de representación:

Se trataba de un encargo de traducción jurada inglés-español en el que aparecía la siguiente información[30]:

*I, XXX XXX, allow YYY YYY, to acquire and fill out marital documents on my behalf.*
*Yo, XXX XXX, permite a YYY YYY adquirir y rellene documentos matrimo-niales en mi nombre.*

La solución dada en el TM fue la de traducir correctamente la parte en inglés y reproducir de forma literal la parte redactada en español; esta última también podría haberse omitido al tratarse supuestamente de la misma información.

*Yo, XXX XXX, confiero poder a YYY YYY para recibir y cumplimentar documentos matrimoniales en mi nombre.*
*Yo, XXX XXX, permite a YYY YYY adquirir y rellene [sic] documentos ma-trimoniales en mi nombre. [Esta información aparece así redactada en español en el documento original].*

# 7.2. Algunos equivalentes funcionales en los certificados de registro civil

En este apartado ofrecemos una propuesta de traducción al español para algunos de los problemas de traducción que suelen aparecer en los certifi-cados de registro civil. Toda la información aquí recogida procede de los textos objeto de encargos de traducción jurada reales que forman parte de nuestro corpus.

## 7.2.1. Denominación de los distintos certificados

**Nacimiento:**

EE. UU.: *Record of live birth, Certification of live birth, Certificate of birth, certificate of live birth*
RU: *Certified copy of an entry of birth*
España: En los asientos cuyos datos se inscribieron[31] de forma manuscrita no aparece ningún título. Sin embargo, si se solicita un certificado en extracto

---

30  La información aparecía tal cual se refleja. Para guardar el secreto profesional se han eliminado los nombres propios de las personas implicadas.

31  El proceso de informatización de los registros civiles en España ha sido y sigue siendo muy lento y gradual; la Orden de 19 de julio de 1999 estableció la regu-lación y líneas básicas del proceso de informatización de los Registros Civiles,

de una inscripción realizada a mano, sí aparecerá un título, puesto que el documento resultante es un documento electrónico y el modelo de dicho certificado ya incorpora un título al mismo: *Certificación en extracto de inscripción de nacimiento.*

Si el hecho se inscribió de forma electrónica en el registro, el certificado correspondiente sí contiene un título: *Certificación literal. Inscripción de nacimiento.*

En cuanto a la traducción al español, recomendamos emplear alguna de las siguientes fórmulas: *Certificado de nacimiento, Certificado literal de nacimiento* o *Certificado en extracto de nacimiento.* También se podrán utilizar estas fórmulas con el término *certificación*, tal y como establece el Ministerio de Justicia español.

**Matrimonio:**

EE. UU.: *Certificate of marriage* o *Marriage certificate*
RU: *Certified copy of an entry of marriage*
España: ver el comentario anterior para el certificado de nacimiento y adaptarlo para los matrimonios.

**Defunción:**

EE. UU.: *Certificate of death* o *Death certificate*
RU: *Certified copy of an entry of death*
España: ver el comentario anterior para el certificado de nacimiento y adaptarlo para las defunciones.

### 7.2.2. Personas que expiden el documento original

EE. UU.: *Registrar/ Register of Deeds/ Assistant or deputy register of deeds*
RU: *Registrar/ Superintendent registrar/ Deputy Registrar*

---

adoptando un criterio de informatización gradual y dando la preferencia a los Registros Civiles principales a cargo de Magistrados. En 2008, la Instrucción de 28 de mayo, de la Dirección General de los Registros y del Notariado, estableció el procedimiento para la informatización de los Registros Civiles delegados a cargo de los Juzgados de Paz. Los modelos de certificados se han ido adaptando a las nuevas tecnologías, aunque no se han visto modificados sustancialmente.

España: *Encargado del Registro Civil* o también aparece *Funcionario delegado*

### 7.2.3. Persona que informa al registro civil

EE. UU.: *informant*
RU: *informant*
España: *declarante/ declaración de:*

### 7.2.4. Persona que certifica el hecho

EE. UU.: *certifier* (para fallecimientos y nacimientos)
RU: no consta expresamente
España: *comprobación de:*

### 7.2.5. Persona que asiste el parto

EE. UU.: *attendant*
RU: no consta expresamente
España: no consta expresamente en los certificados españoles. Se puede traducir por *persona que asiste el parto.*

### 7.2.6. Denominación del registro civil

EE. UU.: *Office of Vital Statistics/ Office of Vital Records*
RU: *General Register Office*
España: *Registro Civil*

### 7.2.7. Número de certificado

EE. UU.: *file number*
RU: *number/ Entry No.*
España: *número*

### 7.2.8. Nombre de soltera de la madre

EE. UU.: *mother's name prior to first marriage/ maiden name*
RU: *maiden surname of mother*
España: recomendamos la traducción *nombre de soltera de la madre*

## 7.3. Técnicas de traducción más frecuentes en la traducción jurada de certificados de registro civil

En este apartado vamos a tratar de describir de manera sintética qué técnicas de traducción son las que con más frecuencia se emplean en la traducción jurada de documentos jurídico-administrativos, en general, y en particular en la traducción jurada de documentos de registro civil en la combinación lingüística inglés-español.

Antes de proseguir, tomaremos como base de referencia la definición del concepto de técnicas de traducción propuesta por Hurtado:

> Procedimiento, visible en el resultado de la traducción, que se utiliza para conseguir la equivalencia traductora a microunidades textuales; las técnicas se catalogan en comparación con el original. La pertenencia del uso de una técnica u otra es siempre funcional, según el tipo de textual, la modalidad de traducción, la finalidad de traducción y el método elegido (Hurtado, 2004:642).

Por lo tanto, por *técnica de traducción* entendemos la aplicación en una zona de intervención concreta del TO, de algún procedimiento de traducción para conseguir la equivalencia en la lengua y cultura meta. El uso de las técnicas de traducción en un determinado tipo de texto no es algo fijo ni siempre se tiene por qué resolver problemas similares con la aplicación de las mismas técnicas o mismas combinaciones de técnicas.

En dos estudios realizados por Andújar centrados, el primero, en el contenido de los documentos originales (2007) y, el segundo, en los elementos paratextuales (2011), se recogen las técnicas de traducción utilizadas por varios TIJ en encargos reales de traducción jurada de textos administrativos (en concreto textos académicos) en la combinación lingüística francés-español. En el primer estudio se concluye que predomina el uso (en el corpus estudiado) de técnicas como el préstamo, la traducción literal o el equivalente acuñado; que reflejan el peso preponderante otorgado a la cultura de partida en el método global de traducción. Añade la autora que es asimismo frecuente el empleo de toda una serie de técnicas de traducción mixtas (préstamo + amplificación; adaptación + préstamo; adaptación + amplificación) que responden a la necesidad de mantener un complicado equilibrio entre la exigencia de «fidelidad» a la cultura de partida que impone el Ministerio de Asuntos Exteriores en sus disposiciones, y la exigencia de precisión e inteligibilidad para la cultura de llegada que impone el encargo (Andújar 2007:124). En el segundo estudio, la autora destaca el equivalente acuñado y la traducción literal como las técnicas de traducción más frecuentes empleadas en la traducción de los elementos paratextuales (Andújar 2011:98).

En otro estudio publicado por Mayoral en 2012 en la revista *Panace@* se incluye un apartado en el que se mencionan las técnicas de traducción más frecuentemente empleadas en la traducción jurada de documentos de registro civil (certificados de nacimiento y de defunción) aplicadas por el propio autor en encargos reales de traducción jurada en la combinación lingüística inglés-español. En este sentido, destaca como técnicas más frecuentes el empleo de la traducción literal, la adaptación cultural, la amplificación, la transcripción y el equivalente acuñado.

Centrándonos en nuestro estudio, describimos a continuación las técnicas de traducción más frecuentemente empleadas en las traducciones juradas de los 37 textos que componen nuestro corpus de encargos de traducción reales de certificados de nacimiento, matrimonio y defunción español-inglés/inglés-español. En primer lugar, incluimos el nombre de la técnica seguido de la definición de Hurtado (2004:269–271) y, a continuación, ofrecemos ejemplos de su uso.

### 7.3.1. Traducción literal

Es cuando se traduce palabra por palabra un sintagma o expresión.

En la mayoría de ocasiones se recurre a esta técnica por la necesidad que hay en traducción jurada de cotejar el TO con el TM por parte del destinatario.

Ejemplo:
TO: *Department of Health*
TM: Departamento de salud

### 7.3.2. Préstamo

Es cuando se integra en el TM una palabra o expresión de otra lengua. Puede ser puro (sin ningún cambio) o naturalizado (transliteración de la lengua extranjera).

Ejemplo:
TO: *Copyright*
TM: Copyright

### 7.3.3. Calco

Es cuando se traduce literalmente una palabra o sintagma extranjero. Puede ser léxico o estructural.

Ejemplos:
TO: *Marriage License*
TM: Licencia de matrimonio. Se podría haber evitado el calco con el equivalente acuñado: autorización para contraer matrimonio.

TO: *University of Iowa Hospital*
TM: Hospital de la Universidad de Iowa

### 7.3.4. Amplificación

Es aquella técnica con la que se introducen precisiones no formuladas en el texto original (informaciones, paráfrasis explicativas, notas del traductor). Se opone a la técnica de reducción.

Ejemplo:
TO: *Education of Decedent. Indicate highest grade completed: 12.*
TM: Formación del fallecido. Indicar el curso más alto superado: 12 [Último curso de la enseñanza secundaria en EE. UU.]

### 7.3.5. Adaptación

Es la técnica por la que reemplaza un elemento cultural por otro propio de la cultura receptora.

Ejemplos:
TO: *March 26, 1993*
TM: 26 de marzo de 1993

TO: *Office of Vital Statistics/ Office of vital records*
TM: Registro Civil

TO: *Public Notary*
TM: Notario

### 7.3.6. Elisión

Es cuando no se formulan elementos de información presentes en el texto original.

Ejemplo:
TO: *Certified copy of an entry of birth*
TM: Certificado de nacimiento

En inglés el término *copy* no hace referencia a una fotocopia, sino a un documento original o un ejemplar; en este contexto puede ser sinónimo de certificado (Mayoral 2012:210). Se ha omitido también el término *entry*.

### 7.3.7. Equivalente acuñado

Es la técnica en la que se utiliza el término o expresión reconocido como equivalente en la lengua de llegada.

Ejemplos:
TO: *Local registrar*
TM: Encargado del Registro Civil

TO: *I certify that the particulars entered above are true <u>to the best of my knowledge and believe.</u>*
TM: Certifico que todos los datos consignados en el presente documento son veraces <u>a mi leal saber y entender.</u>

### 7.3.8. Compresión lingüística

Es aquella técnica mediante la cual se sintetizan elementos lingüísticos. Se opone a la ampliación lingüística.

Ejemplo:
TO: *Any <u>alteration or erasure</u> voids this certificate*
TM: Cualquier <u>modificación</u> invalidará este certificado

### 7.3.9. Combinación de técnicas

En ocasiones es necesario recurrir a la combinación de técnicas de traducción para resolver un problema de traducción concreto. Mostramos a continuación algunos ejemplos extraídos de los textos objeto de estudio.

Adaptación + elisión
Ejemplo:
TO: *Public Notary*
TM: Notario

**Préstamo + amplificación**

Observamos que en estos dos ejemplos se ha recurrido a la misma combinación de técnicas aunque el resultado, válido en ambos casos, es diferente.

Ejemplo:
TO: *Marriage act 1949*
TM: Marriage Act 1949 [Ley de matrimonios británica de 1949]

TO: *Births and Deaths Registration Act 1953*
TM: Ley de nacimientos y defunciones británica de 1953 [Births and Deaths Registration Act 1953]

**Adaptación + compresión**
TO: *Groom/ Bride*
TM: Cónyuges

# 8. Ejemplos de encargos reales de traducción jurada

Recogemos en este capítulo una muestra representativa de los textos que forman parte de este estudio junto con sus correspondientes traducciones juradas. Hemos de aclarar que por motivos de confidencialidad y secreto profesional todos los datos personales identificativos de las personas implicadas en los documentos han sido borrados o tachados.

El encargo de traducción de los textos objeto de estudio ha sido similar en todos los casos; el cliente nos solicitó la traducción jurada de su certificado de registro civil redactado originalmente en inglés para ser traducido hacia el español y ser posteriormente entregado ante el Registro Civil correspondiente. Para cada uno de los encargos se muestra el texto original seguido de la traducción jurada. Incluimos a este respecto nueve encargos: cuatro certificados de nacimiento, tres de matrimonio y dos de defunción.

Con el fin de no llevar a confusión a los lectores de este manual, al final de cada una de las traducciones juradas hemos incluido la versión actualizada de la fórmula fedataria que el TIJ debe consignar, independientemente de si el encargo de traducción ha tenido lugar con anterioridad a la entrada en vigor de la Orden AEC/2125/2014, normativa que, como indicábamos en el capítulo 4, establece el contenido de la fórmula fedataria.

CERTIFICATE OF VITAL RECORD

# STATE OF IOWA
## County Record

STATE OF IOWA
IOWA DEPARTMENT OF HEALTH
CERTIFICATE OF LIVE BIRTH

TYPE OR PRINT IN PERMANENT BLACK INK FOR INSTRUCTIONS SEE HANDBOOK

**CHILD**

1. CHILD'S NAME — FIRST: C█████ — MIDDLE: M████ — LAST: H█████ — SUFFIX:

| | | | |
|---|---|---|---|
| 2. SEX Male | 3a. DATE OF BIRTH (Mo., Day, Yr.) 08-28-2000 | 3b. HOUR OF BIRTH 11:28 PM | 4a. COUNTY OF BIRTH Johnson |

4b. FACILITY NAME (If not institution, give street and number): University of Iowa Hospital — 4c. CITY, TOWN, OR LOCATION OF BIRTH: Iowa City — 4d. INSIDE CITY LIMITS (Specify yes or no) Yes

4e. PLACE OF BIRTH: Hospital

**CERTIFIER**

I certify that this child was born alive at the place and time and on the date stated.

5a. (Signature) Melissa S. Dunn — 5b. DATE SIGNED (Mo., Day, Yr.) 08-28-2000

5c. CERTIFIER'S NAME AND TITLE (Type / Print) Melissa S. Dunn M.D. — 5d. CERTIFIER'S MAILING ADDRESS (Street and Number or Rural Route Number, City or Town, State, Zip Code) University of Iowa Hospitals, Iowa City, Iowa 52242-1009

**ATTENDANT**

6a. ATTENDANT'S NAME AND TITLE (If other than certifier) (Type / Print) Melissa S. Dunn M.D. — 6b. ATTENDANT'S MAILING ADDRESS (If other than certifier) (Street and Number or Rural Route Number, City or Town, State, Zip Code) University of Iowa Hospitals, Iowa City, Iowa 52242-1009

**REGISTRAR**

7a. (Signature) Kimberly A. Benton — 7b. DATE RECEIVED BY REGISTRAR (Mo., Day, Yr.) SEP - 7 2000

**MOTHER**

8a. MOTHER'S NAME (First, Middle, Maiden, Last) M████ J████ C████ H█████ — 8b. DATE OF BIRTH (Mo., Day, Yr.) 07-10-1967 — 8c. BIRTHPLACE (State or Foreign Country) Spain

9a. RESIDENCE STATE Iowa — 9b. COUNTY Henry — 9c. CITY, TOWN OR LOCATION Mount Pleasant — 9d. STREET AND NUMBER OF RESIDENCE 615 N. Carol Ave — 9e. INSIDE CITY LIMITS (Specify yes or no) Yes

10. MOTHER'S MAILING ADDRESS (If same as above, enter Zip Code only) 615 N. Carol Ave Mount Pleasant, Iowa 52641

**FATHER**

11a. FATHER'S NAME (First, Middle, Last, Suffix) E████ M████ H█████ — 11b. DATE OF BIRTH (Mo., Day, Yr.) 09-19-1970 — 11c. BIRTHPLACE (State or Foreign Country) West Virginia

**INFORMANT**

I certify that the personal information provided on this certificate is correct to the best of my knowledge and belief.

12a. (Signature of parent or other informant) M████ J████ H█████ — 12b. RELATION TO CHILD Mother

This is to certify that this is a true and correct reproduction of the original record as recorded in this office, issued under authority of Chapter 144, Code of Iowa.

MAY - 4 2001
DATE ISSUED
BY Kimberly A. Benton COUNTY REGISTRAR OF VITAL RECORDS OF JOHNSON COUNTY

IOWA

C0567540
FORM #588-0328C (1999)

**WARNING: IT IS ILLEGAL TO DUPLICATE THIS COPY**

ANY ALTERATION OR ERASURE VOIDS THIS CERTIFICATE

## TRADUCCIÓN JURADA DE UN CERTIFICADO DE NACIMIENTO

CERTIFICADO DE REGISTRO CIVIL.
ESTADO DE IOWA.
Registro del condado.
XXX-XXXXXX.
ESTADO DE IOWA. DEPARTAMENTO DE SALUD.
CERTIFICADO DE NACIMIENTO.
XXX-

### Niño/a
1. Nombre del niño: Cxxx (primero) Mxxx (segundo) Hxxx (apellido). 2. Sexo: hombre. 3a. Fecha de nacimiento (día, mes, año): 28-08-2000. 3b. Hora: 23:28. 4a. Condado de nacimiento: Johnson. 4b. Nombre del centro (en caso de no ser una institución, consignar calle y número): University of Iowa Hospital [Hospital de la Universidad de Iowa]. 4c. Localidad de nacimiento: Ciudad de Iowa. 4d. Dentro del término municipal: Sí. 4e. Lugar de nacimiento: Hospital.

### Persona que certifica el nacimiento
5a. Certifico que el inscrito nació con vida en el lugar, hora y fecha anteriormente mencionadas. (Firma) Melissa S. Dunn. 5b. Fecha (día, mes año): 28-08-2000. 5c. Nombre y titulación de la persona que certifica el nacimiento: Melissa S. Dunn. Dr. 5d. Dirección postal de la persona que certifica el nacimiento (calle y número, localidad, Estado, código postal): University of Iowa Hospitals, Iowa City, Iowa, 52242–1009.

### Persona que asistió el parto
6a. Nombre y titulación del asistente: Melissa S. Dunn. Dr. 6b. Dirección postal de la persona que ha asistido el parto (en caso de ser distinta a la de la persona que ha certificado el nacimiento). (Calle y número, localidad, estado, código postal): University of Iowa Hospitals, Iowa City, Iowa, 52242–1009.

**Encargado del Registro Civil**

7a. Encargado del Registro Civil: [rúbrica ilegible]. 00–1842 [escrito a mano]. 7b. Fecha de recepción en el Registro Civil (día, mes, año): 07-09-2000.

**Madre**

8a. Nombre de la madre (primero, segundo, nombre de soltera, apellido): Mxxx Jxxx Cxxx Hxxx. 8b. Fecha de nacimiento (día, mes, año): 10-07-1967. 8c. Lugar de nacimiento (estado o país extranjero): España. 9a. Estado de residencia: Iowa. 9b. Condado de residencia: Henry. 9c. Localidad: Mount Pleasant. 9d. Dirección: 615 N. Carol Ave. 9e. Dentro del término municipal: Sí.
10. Dirección postal de la madre: 615 N. Carol Ave, Mount Pleasant, Iowa 52641.

**Padre**

11a. Nombre del padre (primero, segundo, apellido, sufijo): Exxx Mxxx Hxxx II. 11b. Fecha de nacimiento (día, mes, año): 19-09-1970. 11c. Lugar de nacimiento (estado o país extranjero): West Virginia.

**Declarante**

12a. Certifico que, según mi leal saber y entender, la información personal contenida en este certificado es correcta. (Firma del padre o madre o de otra persona que notifica el nacimiento) Mxxx Jxxx Hxxx. 12b. Parentesco con el niño: madre.

Se hace constar que este documento es una reproducción fiel y correcta del documento original registrado en esta oficina, expedido al amparo del capítulo 144, Código de Iowa.
Fecha de expedición: 04-05-2001. Expedido por: [rúbrica ilegible] encargado del Registro Civil del condado de Johnson.
C0567540.

ADVERTENCIA: LA REPRODUCCIÓN DE ESTE DOCUMENTO ES ILEGAL. CUALQUIER MODIFICACIÓN INVALIDARÁ ESTE CERTIFICADO.

[Este documento con cenefa y fondo rosa y verde, posee un sello en relieve en cada esquina inferior con una inscripción que reza: sello del Estado de Iowa. Encargado del Registro Civil del Condado. Registro Civil. IOWA].

Doña Julia Lobato Patricio, Traductora-Intérprete Jurada de inglés nombrada por el Ministerio de Asuntos Exteriores y Cooperación, certifica que la que antecede es traducción fiel y completa al español de un documento redactado en inglés. En Rota, a 10 de octubre 2008.

Firmado: Julia Lobato Patricio

Sello de la TIJ

106

Imagen 14: *certificado de nacimiento del Reino Unido. (Fuente: encargo profesional)*

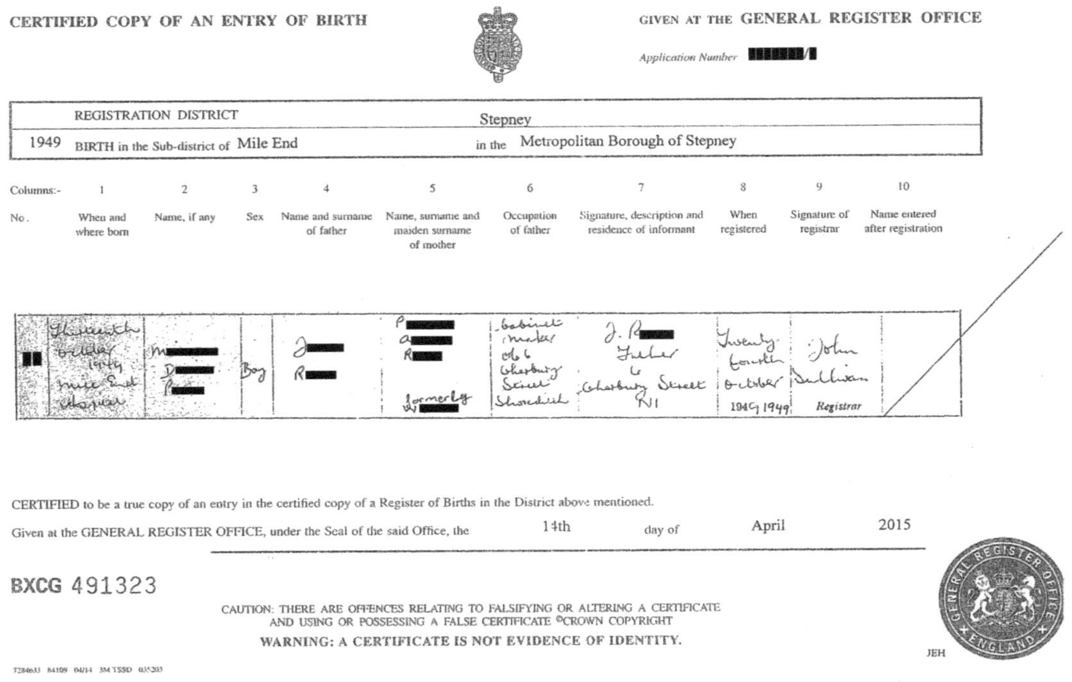

CERTIFIED COPY OF AN ENTRY OF BIRTH

GIVEN AT THE GENERAL REGISTER OFFICE

*Application Number*

REGISTRATION DISTRICT Stepney

1949 BIRTH in the Sub-district of Mile End in the Metropolitan Borough of Stepney

| Columns:- | 1 | 2 | 3 | 4 | 5 | 6 | 7 | 8 | 9 | 10 |
|---|---|---|---|---|---|---|---|---|---|---|
| No. | When and where born | Name, if any | Sex | Name and surname of father | Name, surname and maiden surname of mother | Occupation of father | Signature, description and residence of informant | When registered | Signature of registrar | Name entered after registration |

*Registrar*

CERTIFIED to be a true copy of an entry in the certified copy of a Register of Births in the District above mentioned.

Given at the GENERAL REGISTER OFFICE, under the Seal of the said Office, the 14th day of April 2015

BXCG 491323

JEH

## TRADUCCIÓN JURADA DE UN CERTIFICADO DE NACIMIENTO
CERTIFICADO DE NACIMIENTO. EXPEDIDO EN EL REGISTRO CENTRAL

Número de solicitud: XXXXXXX/X
[En la parte central del documento aparece un escudo en rojo]
Distrito de registro: Stepney
1949 Nacimiento en el sub-distrito de Mile End en el distrito metropolitano de Stepney
[El documento original aparece dispuesto en columnas]
N° XX

1. Lugar y fecha de nacimiento: 13 octubre 1949, Mile End Hospital.
2. Nombre: Mxxx Dxxx Pxxx
3. Sexo: hombre
4. Nombre y apellido del padre: Jxxx Rxxx
5. Nombre y apellido de la madre y nombre de soltera: Pxxx Axxx Rxxx. Apellido de soltera Wxxx.
6. Profesión del padre: ebanista. N° 6, Cherbury Street Shoreditch
7. Firma, residencia y calidad en la que actúa el declarante: J. Rxxx, Padre, N° 6 Cherbury Street N1.
8. Fecha de registro: veinticuatro de octubre de 1949.
9. Firma del encargado del Registro: John [Apellido ilegible] Encargado del Registro Civil.
10. Nombre registrado tras la inscripción: [en blanco]

El presente documento es una reproducción fiel de la inscripción que obra en el Registro de nacimientos del distrito anteriormente mencionado.
Expedido en la Oficina Central de Registros bajo el sello de dicha oficina a 14 de abril de 2015.
BXCG 491323
ATENCIÓN: LA FALSIFICACIÓN O ALTERACIÓN DE UN CERTIFI-CADO CONSTITUYE UN DELITO ASÍ COMO EL USO O LA POSE-SIÓN DE UN CERTIFICADO FALSO.
AVISO: UN CERTIFICADO NO ES UNA PRUEBA DE IDENTIDAD
[A la derecha del documento aparece un sello rojo.]. [Este documento posee una marca de agua].

[En el dorso del documento aparece la siguiente información:
Este certificado se expide de conformidad con la Ley de nacimientos y defunciones británica de 1953 [*Births and Deaths Registration Act 1953*]. En el artículo 34 se establece que cualquier certificado de una inscripción que pretenda llevar el sello o el timbre de la Oficina Central de Registros será considerada una prueba del nacimiento o defunción de la inscripción a la que corresponde sin necesidad de presentar ninguna otra prueba, y ningún certificado que haya sido expedido por dicha oficina tendrá ninguna validez a menos que lleve el sello de la misma.]

Doña Julia Lobato Patricio, Traductora-Intérprete Jurada de inglés nombrada por el Ministerio de Asuntos Exteriores y Cooperación, certifica que la que antecede es traducción fiel y completa al español de un documento redactado en inglés. En Rota, a 24 de octubre 2015.

Firmado: Julia Lobato Patricio

Sello de la TIJ

Imagen 15: *certificado nacimiento del estado de Wisconsin (EE. UU.). (Fuente: encargo profesional)*

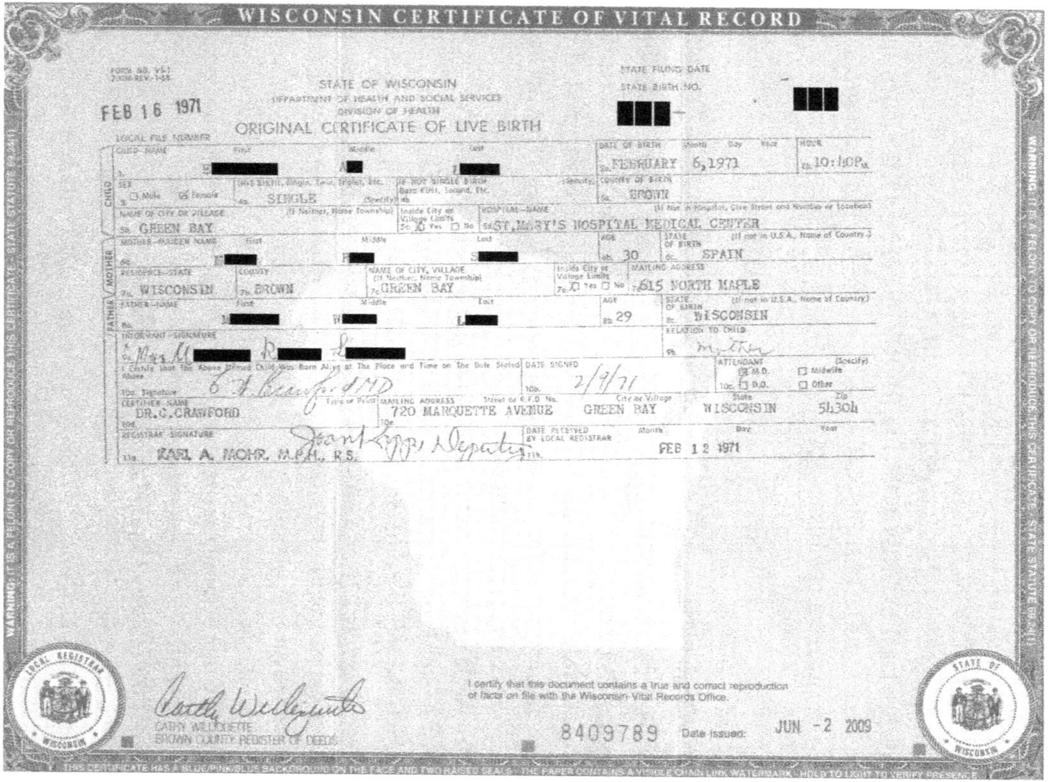

109

# TRADUCCIÓN JURADA AL ESPAÑOL DE UN CERTIFICADO DE NACIMIENTO

## CERTIFICADO DE NACIMIENTO DEL ESTADO DE WISCONSIN

N° de formulario. VS-1. 200M-REV.-1-68. 16 FEB 1971
ESTADO DE WISCONSIN. DEPARTAMENTO DE SANIDAD Y SERVI-
CIOS SOCIALES. DIVISIÓN DE SANIDAD.
FECHA DE INSCRIPCIÓN EN EL REGISTRO ESTATAL [en blanco].
NÚMERO ESTATAL DE NACIMIENTO. XXX-. [En el margen superior
derecho aparece el número XXX].

### CERTIFICADO DE NACIMIENTO

Número del registro local.
**Datos del niño/a:** Nombre completo: Exxx Axxx Lxxx. Fecha de naci-
miento: 06 febrero 1971. Hora: 10:40 p.m. Sexo: mujer. Parto simple.
Condado de nacimiento: Brown. Nombre del pueblo o ciudad: Green
Bay. Se encuentra dentro del término municipal: sí. Nombre del hospital:
St. Mary's Hospital Medical Center.
**Datos de la madre:** Nombre de soltera: Mxxx Rxxx Sxxx. Edad: 30. País de
nacimiento: España. Estado de residencia: Wisconsin [EE. UU.]. Condado:
Brown. Nombre del pueblo o ciudad: Green Bay. Se encuentra dentro del
término municipal: sí. Dirección postal: 615, North Maple.
**Datos del padre:** Nombre completo: Mxxx Wxxx Lxxx. Edad: 29. Estado
de nacimiento: Wisconsin.
**Declarante:** Mxxx Rxxx Lxxx [a mano]. Parentesco con el niño/a: Madre.
Certifico que el niño/a arriba mencionado/a nació con vida en el lugar, hora
y fecha anteriormente mencionadas. [Rúbrica ilegible]. Fecha: [escrita a
mano] 09-febrero-1971. Asistido por: Médico.
**Comprobación:**
Nombre: Dr. C. Crawford. Dirección postal: 720 Marquette Avenue, Green
Bay, Wisconsin, Código postal: 54304.
**Encargado del Registro Civil:**
Firma: [rúbrica ilegible]. Fecha de inscripción en el registro local: 12 de
febrero de 1971.

[A ambos lados del documento aparece la siguiente inscripción:] Advertencia: la copia o reproducción de este certificado constituye un delito grave. Ley Estatal 69.24(1).

[En la parte inferior izquierda aparece una rúbrica ilegible. Cathy Williquette, encargado del registro del condado de Brown.

[En la parte inferior izquierda aparece un sello que parece formar parte del marco del documento con la siguiente inscripción:] Encargado del Registro Civil. Estado de Wisconsin.

Certifico que este documento es una reproducción fiel y correcta de los hechos registrados en la oficina del Registro Civil del estado de Winsconsin. [En la parte inferior centrado aparece un número en tinta roja: 8409789. Fecha de expedición 2 de junio de 2009.

[En la parte inferior derecha aparece un sello que parece formar parte del marco del documento con la siguiente inscripción:] Estado de Wisconsin.

El anverso de este certificado tiene un fondo azul y rosa y dos sellos en relieve. El papel contiene una visible marca de agua en forma de eslabones de cadena. Véase a la luz para su verificación.

**Doña Julia Lobato Patricio, Traductora-Intérprete Jurada de inglés nombrada por el Ministerio de Asuntos Exteriores y Cooperación, certifica que la que antecede es traducción fiel y completa al español de un documento redactado en inglés. En Rota, a 10 de mayo 2015.**

Firmado: Julia Lobato Patricio

Sello de la TIJ

*Imagen 16: certificado de nacimiento del Reino Unido. (Fuente: encargo profesional)*

CERTIFIED COPY · OF AN ENTRY

Pursuant to the Births and · Deaths Registration Act 1953

| BIRTH | | Entry No. ■■■ |
|---|---|---|
| Registration district  Buckinghamshire | Administrative area | |
| Sub-district Buckinghamshire | County of Buckinghamshire | |

**CHILD**

1. Date and place of birth
Sixteenth August 2010
Maternity Unit, Stoke Mandeville Hospital, Aylesbury

2. Name and surname
M▬▬ V▬▬ T▬▬▬

3. Sex
Male

**FATHER**

4. Name and surname
D▬▬ C▬▬ T▬▬

5. Place of birth
High Wycombe Buckinghamshire

6. Occupation
Chef

**MOTHER**

7. Name and surname
N▬▬ S▬▬▬▬ V▬▬▬

8.(a) Place of birth
Spain

8. (b) Occupation
Waitress

9.(a) Maiden surname

9. (b) Surname at marriage if different from maiden surname

10. Usual address (if different from place of child's birth)
11 Croxley Rise Maidenhead Berkshire

**INFORMANT**

11. Name and surname (if not the mother or father)

12. Qualification
Father
Mother

13. Usual address
(if different from
that in 10 above)  11 Croxley Rise Maidenhead Berkshire

14. I certify that the particulars entered above are true to the best of my knowledge and belief

D C T▬▬ N▬▬ S V

Signature
of informant

15. Date of registration
Thirty-first August 2010

16. Signature of registrar

Diana D Jones
Registrar

17. Name given
after registration,
and surname

Certified to be a true copy of an entry in a register in my custody.

*Superintendent Registrar
*Registrar
*Strike out whichever does not apply

Date 31.08.10

System No. S▬▬ ▬ON: THERE ARE OFFENCES RELATING TO FALSIFYING OR ALTERING A CERTIFICATE AND USING
OR POSSESSING A FALSE CERTIFICATE. ©CROWN COPYRIGHT

**WARNING: A CERTIFICATE IS NOT EVIDENCE OF IDENTITY.**

112

# TRADUCCIÓN JURADA AL ESPAÑOL DE UN CERTIFICADO DE NACIMIENTO REDACTADO EN INGLÉS

[En la parte superior derecha aparece el código BAM XXXX]

**CERTIFICADO DE NACIMIENTO.** Conforme a la Ley de Inscripción de nacimientos y defunciones de 1953 del Reino Unido [Birth and Death Registration Act 1953].

[En la parte superior central aparece un escudo].

**NACIMIENTO.** Inscripción Nº. 167. Distrito de inscripción: Buckinghamshire. Área administrativa: Condado de Buckinghamshire. Sub-distrito: Buckinghamshire.

## NIÑO/A

1. Lugar y fecha de nacimiento: dieciséis de agosto de 2010. Unidad de Maternidad, Stoke Mandeville Hospital, Aylesbury. 2. Nombre y apellido: MXXX VXXX TXXX. 3. Sexo: hombre.

## PADRE

4. Nombre y apellido: DXXX CXXX TXXX. 5. Lugar de nacimiento: High Wycombe Buckinghamshire. 6. Profesión: chef.

## MADRE

7. Nombre y apellido: NXXX SXXX VXXX. 8. (a) Lugar de nacimiento: España. 8.(b) Profesión: camarera. 9.(a) Nombre de soltera: [Espacio tachado]. 9.(b) Apellido en el momento de contraer matrimonio en caso de no coincidir con el de soltera: [Espacio tachado]. 10. Domicilio habitual (en caso de no coincidir con el del lugar de nacimiento del niño/a): 11 Croxley Rise Maidenhead Berkshire.

## DECLARANTE

11. Nombre y apellido (en caso de ser una persona distinta al padre o la madre): [espacio tachado]. 12. En calidad de: padre, madre. 13. Domicilio habitual (en caso de ser distinto al indicado en el apartado 10): 11 Croxley Rise Maidenhead Berkshire.

14. Certifico que todos los datos consignados en el presente documento son veraces a mi leal saber y entender. Firma del declarante: DC TXXX NXXX SV.
15. Fecha de inscripción: treinta y uno de agosto de 2010. 16. Firma del encargado del Registro Civil: encargado del Registro Civil Diana D. Jones.
17. Nombre tras la inscripción en el registro y apellido [espacio tachado]. [Aparece una línea en la parte inferior central].

Certifico que es copia fiel de una entrada inscrita en un registro que se encuentra bajo mi tutela. [Rúbrica ilegible] encargado del registro. Fecha: 31/08/10 [escrita a mano]. Numero: 503692662.

Aviso: La falsificación o el uso intencionado de un certificado falso así como la posesión de un certificado falso constituyen un delito. Copyright de la Casa Real Británica].

ADVERTENCIA: ESTE CERTIFICADO NO ES UNA PRUEBA DE LA IDENTIDAD DE LA PERSONA QUE LO PRESENTA.

[El documento original posee una marca de agua].

[En el reverso de este documento hay consignada una Apostilla de La Haya que contiene un sello en relieve.].

Doña Julia Lobato Patricio, Traductora-Intérprete Jurada de inglés nombrada por el Ministerio de Asuntos Exteriores y Cooperación, certifica que la que antecede es traducción fiel y completa al español de un documento redactado en inglés. En Rota, a 10 de agosto de 2016.

Firmado: Julia Lobato Patricio.

Sello de la TIJ.

*Imagen 17: certificado de matrimonio de Gibraltar. (Fuente: encargo profesional)*

City of GIBRALTAR

Fee: £3.50

Search Fee: ____

CERTIFIED COPY of an ENTRY OF MARRIAGE

Pursuant to the Marriage Act

in the City of Gibraltar

| No. | When Married | Name and Surname | Age | Condition | Rank or Profession | Residence at the time of Marriage | Father's Name and Surname | Rank or Profession of Father |
|---|---|---|---|---|---|---|---|---|
| ▉ | Twenty-second August 2015 | X. DE J▉ | 23 | Bachelor | Combat Engineer (E-4) U.S. Army | Ninve Street Bld. 20305 138A Fort Bliss Texas U.S.A. | P▉ J▉ DE ▉ | Air Traffic Controller |
| | | M▉ E▉ V▉ G▉ | 22 | Spinster | Hairdresser | San Juan Bosco 3, 1ªB Rota 11520 Cadiz Spain | J▉ P▉ W▉ | Technician |

Married in the ... Caleta Hotel by Special Licence before me

contracted at the Caleta Hotel

A. Viagas
Deputy Marriage Registrar

This Marriage was contracted { X. DE J▉ } in the presence { J▉ P▉ D▉
between us, { M. E. V▉ G▉ } of us { C▉ D. F▉

I, LIONEL ANTHONY VICTORY ---- , Marriage Registrar of Gibraltar, do hereby certify that this is a true copy of the Entry No. ▉▉ in Volume ▉▉
of the Marriage Register Book of this City. Witness my Hand and Seal this 2nd day of September 2015

Deputy Marriage Registrar

115

# TRADUCCIÓN JURADA DE UN CERTIFICADO DE MATRIMONIO

Ciudad de GIBRALTAR. X XXXXXX.

CERTIFICADO DE MATRIMONIO. [Aparece un escudo].

CONFORME A LA *MARRIAGE ACT* [Ley de matrimonios británica].

2015, matrimonio formalizado en el Hotel Caleta de la Ciudad de Gibraltar. Tasa: 3,50£.

[La información que a continuación se detalla aparece en el original dispuesta en nueve columnas].

Nº: XXX.

Fecha de formalización: veintidós de agosto de 2015.

Nombre y Apellido: Xxxx DE JXXX. Edad: 23. Estado civil: soltero. Profesión: ingeniero de combate (E-4) de la Armada de los Estados Unidos. Domicilio en el momento de contraer matrimonio: Minve Street Bld. 20305 138ª Port Bliss Texas, Estados Unidos. Nombre del padre: Rxxx Jxxx DE JXXX. Profesión del padre: controlador aéreo.

Nombre y Apellido: Mxxx Exxx VXXX GXXX. Edad: 22. Estado civil: soltera. Profesión: peluquera. Domicilio en el momento de contraer matrimonio: San Juan Bosco, 3, 1ºB, 11520, Rota, España. Nombre del padre: Jxxx Fxxx VXXX HXXX. Profesión del padre: técnico.

Consignar aquí cualquier nota marginal que aparezca en el asiento original. [Aparece un sello rojo en relieve con borde estrellado]

Matrimonio celebrado en el Hotel Caleta mediante autorización especial concedida, ante mí, A Viagas, encargado adjunto del registro de matrimonios.

Este matrimonio contraído por X DE JXXX y M.E. VXXX GXXX se formalizó en presencia de Jxxx PXXX DXXX y Cxxx DXXX PXXX.

Yo, LIONEL ANTHONY VICTORY, encargado del Registro de matrimonios de Gibraltar, por el presente certifico que es este certificado es fiel a la inscripción nº XXX, volumen XX, que obra en el Registro de matrimonios de esta ciudad. En fe de lo cual firmo y sello a 2 de septiembre de 2015. [Rúbrica ilegible] encargado del Registro Civil.

AVISO: Cualquier persona que (1) falsifique cualquiera de los datos de este certificado o (2) que haga uso de un documento falsificado, teniendo conocimiento de ello, podrá ser procesada judicialmente.

[El documento original se presenta apaisado con parte del texto en color verde y contiene un sello rojo en relieve en la parte inferior derecha del documento del encargado del Registro Civil de matrimonios de Gibraltar.]. [En el reverso del presente certificado aparece una Apostilla de La Haya cuya traducción se adjunta en un documento aparte].

Doña Julia Lobato Patricio, Traductora-Intérprete Jurada de inglés nombrada por el Ministerio de Asuntos Exteriores y Cooperación, certifica que la que antecede es traducción fiel y completa al español de un documento redactado en inglés. En Rota a 9 de octubre de 2015.

Firmado: Julia Lobato Patricio

Sello de la TIJ

*Imagen 18: certificado de matrimonio del Reino Unido. (Fuente: encargo profesional)*

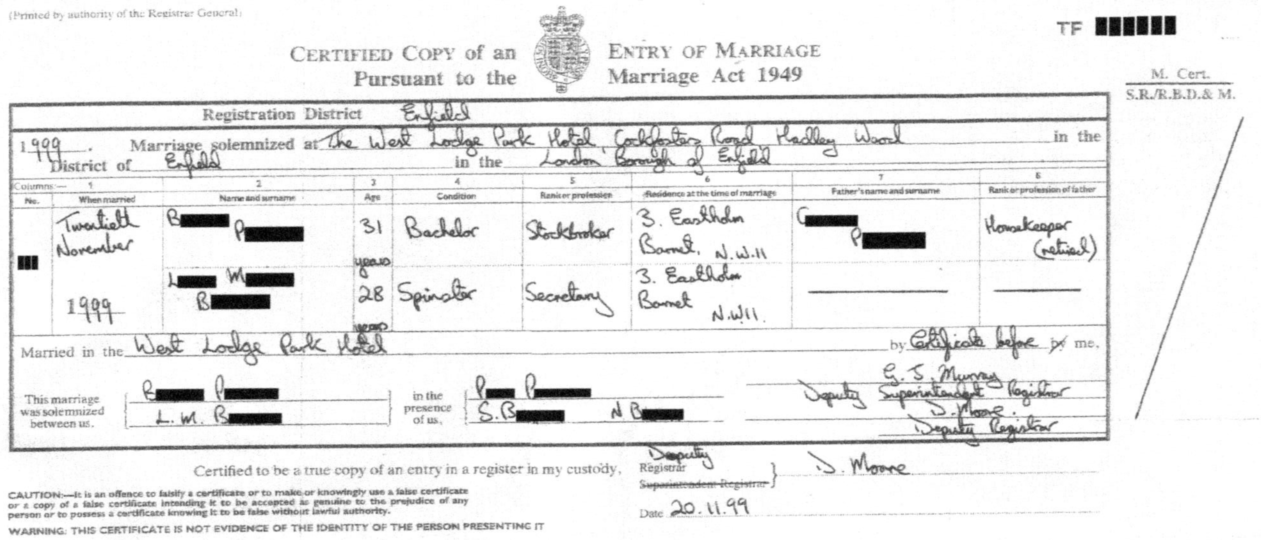

# TRADUCCIÓN JURADA INGLÉS/ESPAÑOL DE UN CERTIFICADO DE MATRIMONIO

(Impreso con la autorización del encargado del Registro Civil General).
CERTIFICADO DE MATRIMONIO. [Aparece un escudo].
CONFORME A LA *MARRIAGE ACT 1949* [Ley de matrimonios británica de 1949]. TF XXXXXX. M. Cert [Certificado de matrimonio].
S.R./R.B.D.&M. [Secretario del Registro/Registro Civil de nacimientos, defunciones y matrimonios].
Registro Civil de Enfield [Londres, Reino Unido].
1999. Matrimonio formalizado en el West Lodge Park Hotel, Cockfosters Road Hadley Wood, en el distrito de Enfield en *London Borough of Enfield* [municipio londinense de Enfield].
[La información que a continuación se detalla aparece en el original dispuesta en nueve columnas].
Nº: XXX.
Fecha de formalización: veinte de noviembre de 1999.
Bxxx PXXX. Edad: 31. Estado civil: soltero. Profesión: corredor de bolsa. Domicilio en el momento de contraer matrimonio: 3, Eastholm, Barnet NW11. Nombre del padre: Cxxx PXXX. Profesión del padre: conserje (jubilado).
Lxxx Mxxx BXXX. Edad: 28. Estado civil: soltera. Profesión: secretaria. Domicilio en el momento de contraer matrimonio: 3, Eastholm, Barnet NW11. Nombre del padre: [no consta]. Profesión del padre: [no consta].
Matrimonio celebrado en el West Lodge Park Hotel mediante certificado extendido ante mí, G.J. Murray, Jefe adjunto del Registro Civil. D. Moore: Secretario adjunto del Registro Civil.
Este matrimonio contraído entre Bxxx Pxxx y L.M. Bxxx, se formalizó en presencia de Pxxx Pxxx y S. Bxxx, N. Bxxx.
Se hace constar que el presente certificado es una reproducción fiel de la inscripción que obra en el Registro. Secretario adjunto del Registro Civil: D. Moore. Fecha: 20/11/99.
ADVERTENCIA: tanto la falsificación de un certificado, como el uso intencionado de un certificado falso o de una copia de un certificado falso con el fin hacerlo pasar por original, en perjuicio de terceras personas, o la

posesión de un certificado cuya falsedad es conocida y sin autoridad legal, constituirán un delito.

AVISO: EL PRESENTE DOCUMENTO NO CERTIFICA LA IDENTIDAD DE LA PERSONA QUE LO PRESENTA.

[El documento original se presenta apaisado con una marca de agua con el dibujo de una corona sobre las siglas GRO [General Register Office (Registro Civil General)]. [En el reverso del presente certificado aparece una Apostilla de La Haya].

Doña Julia Lobato Patricio, Traductora-Intérprete Jurada de inglés nombrada por el Ministerio de Asuntos Exteriores y Cooperación, certifica que la que antecede es traducción fiel y completa al español de un documento redactado en inglés. En Málaga a 28 de abril de 2008.

Firmado: Julia Lobato Patricio

Sello de la TIJ

*Imagen 19: certificado de matrimonio del estado de West Virginia (EE. UU.).*
*(Fuente: encargo profesional)*

United States of America

State of West Virginia

County of Raleigh, ss:

# Marriage Certificate

I, Betty Riffe, Clerk of the Raleigh County Commission, do hereby certify that, under the authority of a License issued from this office, Marriage Record Book ██ Page ███ will show:

Groom: █████ M█████ H█████
Bride: M█████ J███ C█████

| Groom Vital Information | Bride Vital Information |
|---|---|
| Birth Date: September 19, 1970 | Birth Date: July 10, 1967 |
| Age: 21 | Age: 24 |
| Birthplace: Princeton, WV | Birthplace: Sevilla, |
| Mother: P█████ J█████ | Mother: M███ D███ N███ |
| Father: R█████ M█████ H█████ | Father: J███ C█████ V█████ |

**Marriage Record Information**

Issue Date: April 27, 1992
Marriage Date: April 28, 1992
Marriage City/State: Beckley WV Raleigh County
Marriage Official: ROBERT A BURNSIDE JR

In Testimony Whereof, I have hereunto affixed my Signature and Official Seal on Tuesday, October 26, 2010

Betty Riffe
Clerk of Raleigh County Commission

By ████████████, Deputy

121

# TRADUCCIÓN JURADA DE UN CERTIFICADO DE MATRIMONIO

XXXXXX[En rojo]

[En la parte superior centrado aparece un sello del estado de West Virginia].
ESTADO DE WEST VIRGINIA CONDADO DE RALEIGH

## CERTIFICADO DE MATRIMONIO

Yo, Betty Riffe, secretaria de la comisión del condado de Raleigh, por la autoridad que me ha sido conferida y por el presente, certifico que en la página XX del libro XXX del Registro de Matrimonios consta la siguiente información:

Cónyuges:

**EXXX MXXX HXXX**

**MXXX JXXX CXXX**

**Información sobre el novio que consta en el Registro Civil**
Fecha de nacimiento: 19 de septiembre de 1970
Edad: 21
Lugar de nacimiento: Princeton, WV [West Virginia]
Madre: Pxxx Jxxx
Padre: Rxxx Mxxx Hxxx

**Información sobre la novia que consta en el Registro Civil**
Fecha de nacimiento: 10 de julio de 1967
Edad: 24
Lugar de nacimiento: Sevilla
Madre: Mxxx Dxxx Nxxx[32]
Padre: Jxxx Cxxx Vxxx

**Información del Registro de Matrimonios**
Fecha de expedición: 27 de abril de 1992
Fecha de celebración del matrimonio: 28 de abril de 1992

---

32  No constan los apellidos de la madre, ya que al ser expedido en los EE. UU. se debe haber confundido el segundo nombre con el apellido. Según la información proporcionada a la traductora por parte de la interesada y según consta en el DNI de Mxxx Dxxx Nxxx, los apellidos de la *Madre* son "Mxxx Mxxx".

Lugar en el que se contrajo el matrimonio: Beckley, West Virginia, Condado de Raleigh

Funcionario que ofició el matrimonio: Roberta A. Burnside Jr

En virtud de lo cual, sello y firmo el presente certificado a 26 de octubre de 2010.

[Rúbrica ilegible] Betty Riffe

Secretaria de la comisión del condado de Raleigh.

Por [Rúbrica ilegible] adjunto/a.

[En la parte inferior izquierda aparece un sello redondo en relieve]

ADVERTENCIA: Este documento está impreso en papel de seguridad con marca de agua y contiene fibras de seguridad. No aceptar sin comprobar la marca de agua. [Aparece el dibujo de unas cadenas].

[Este documento con fondo verde y rosa y con cenefa alrededor del mismo, contiene una marca de agua que se aprecia al trasluz].

**Doña Julia Lobato Patricio, Traductora-Intérprete Jurada de inglés nombrada por el Ministerio de Asuntos Exteriores y Cooperación, certifica que la que antecede es traducción fiel y completa al español de un documento redactado en inglés. En Rota, a 1 de diciembre de 2010.**

**Fdo.: Julia Lobato Patricio**

**Sello de la TIJ**

September 4, 1990
DATE OF APPLICATION
SEP 1 8 1990
DATE CERTIFICATE FILED

STATE FILE NO.

LOCAL FILE NO.

## Marriage License

State of Michigan

To any person legally authorized to solemnize marriage in the State of Michigan, Marriage must be solemnized *In the State of Michigan* on or before ___October 7, 1990___
DATE

Except for signature spaces left blank must be completed by typewriter or printed legibly.

between

N█████ C█████ B█████ and I█████ C█████
FULL NAME OF MALE (FIRST, MIDDLE, LAST) | FULL NAME OF FEMALE (FIRST, MIDDLE, LAST)

| | | LAST NAME BEFORE FIRST MARRIED, IF DIFFERENT |

| 22 | 7-6-1968 | 22 | 8-12-1968 |
| PRESENT AGE | DATE OF BIRTH | PRESENT AGE | DATE OF BIRTH |

| 470 Glen Oaks Drive, Apt. 3-D | | 470 Glen Oaks Drive, Apt. 3-D | |
| RESIDENCE NO. | STREET | RESIDENCE NO. | STREET |

| Muskegon, Michigan 49442 | Muskegon, Michigan 49442 |
| CITY, STATE, AND ZIP CODE | CITY, STATE AND ZIP CODE |

| Muskegon | None | Muskegon | One |
| RESIDENCE COUNTY | NUMBER OF TIMES PREVIOUSLY MARRIED | RESIDENCE COUNTY | NUMBER OF TIMES PREVIOUSLY MARRIED |

| Muskegon, Michigan | Sevilla, Spain |
| BIRTHPLACE – CITY AND STATE | BIRTHPLACE – CITY AND STATE |

R█████ R█████ B█████ | M█████ C█████
FATHER'S FULL NAME | FATHER'S FULL NAME

M█████ W█████ | R█████ C█████
MOTHER'S FULL NAME BEFORE FIRST MARRIED | MOTHER'S FULL NAME BEFORE FIRST MARRIED

| Muskegon, MI | Muskegon, MI | Sevilla, Spain | Cordoba, Spain |
| FATHER'S BIRTHPLACE | MOTHER'S BIRTHPLACE | FATHER'S BIRTHPLACE | MOTHER'S BIRTHPLACE |

By Authority of MCL 333.2813

An affidavit has been filed in this office by which it appears that said statements are true. This marriage license authorizes the marriage of the parties named above within the State of Michigan by any person authorized by law to solemnize a marriage ceremony under the laws of the State of Michigan.

I HEREBY CERTIFY this to be a true and correct copy of the original on file with the office of COUNTY CLERK. This Certified Copy is Official Only When SEAL and RED SIGNATURE Are Affixed.

In testimony whereof, I have hereunto set my hand and sealed these presents, this __7th__ day of ___September___ 19 90 ;

*Susan R. Doriot*
MUSKEGON COUNTY CLERK

*Red Blomen*
COUNTY CLERK

Muskegon
COUNTY

DEPUTY CLERK

## Certificate of Marriage

Between Mr. N█████ C█████ B█████ and M S. I█████ C█████

I hereby certify that, in accordance with the above license, the persons herein mentioned were joined in marriage by me, in ___OTTO___ , county of ___OCEANA___ , MICHIGAN,
CITY, VILLAGE, OR TOWNSHIP

on the ___FIFTEENTH___ day of ___SEPTEMBER___ A.D. 19 ()90 , in the presence of

*B█████* | *G█████ R. B█████*
SIGNATURE OF WITNESS | SIGNATURE OF WITNESS

R█████ A█████ | G█████ R. B█████ JR.
NAME OF WITNESS (TYPE OR PRINT) | NAME OF WITNESS (TYPE OR PRINT)

*Charles Uken* | REV. CHARLES UKEN
SIGNATURE OF MAGISTRATE OR CLERGY | NAME AND TITLE OF MAGISTRATE OR CLERGY (TYPE OR PRINT)

4877 SOUTH FIRST ST., NEW ERA, MICHIGAN 49446
POST OFFICE ADDRESS OF MAGISTRATE OR CLERGY

This Space Reserved for Binding

B138 (1/89)

THIS ORIGINAL must be returned WITHIN TEN DAYS AFTER THE MARRIAGE to the COUNTY CLERK, who issued the same under severe penalty. This provision must be complied with to insure a PROPER LEGAL RECORD of the marriage.

# TRADUCCIÓN JURADA DE INGLÉS A ESPAÑOL

## Licencia de Matrimonio
## Estado de Michigan

Fecha de solicitud: 4 de septiembre de 1990
Documento estatal número: XXXX
Fecha de registro del certificado: 18 de septiembre de 1990
Documento local número XXXXXXX

A la atención de cualquier persona con autoridad legal para formalizar el matrimonio en el estado de Michigan; el siguiente matrimonio debe ser formalizado en el estado de Michigan no más tarde del 7 de octubre 1990.

## ENTRE

| NXXX CXXX BXXX | E IXXX CXXX |
|---|---|
| Edad en el momento del matrimonio: 22 años | Edad en el momento del matrimonio: 22 años |
| Fecha de nacimiento: 6 de julio de 1968 | Fecha de nacimiento: 12 de agosto de 1968 |
| Dirección: 470 Glen Oaks Drive Apt. 3-D, Muskegon, Michigan, 49442, Condado de Muskegon Primeras nupcias | Dirección: 470 Glen Oaks Drive Apt. 3-D, Muskegon, Michigan, 49442, Condado de Muskegon Segundas nupcias |
| Lugar de nacimiento: Muskegon, Michigan | Lugar de nacimiento: Sevilla, España |
| Nombre del padre: Rxxx Rxxx Bxxx | Nombre del padre: Mxxx Cxxx |
| Nombre de soltera de la madre: Mxxx Wxxx | Nombre de soltera de la madre: Rxxx Cxxx |
| Lugar de nacimiento del padre: Muskegon, MI | Lugar de nacimiento del padre: Sevilla, España |
| Lugar de nacimiento de la madre: Muskegon, MI | Lugar de nacimiento de la madre: Córdoba, España |

Se ha tomada declaración jurada en esta oficina que certifica la veracidad de esta información. Esta licencia matrimonial autoriza el matrimonio de las partes anteriormente mencionadas dentro del estado de Michigan por cualquier persona autorizada para formalizar el matrimonio según las leyes del estado de Michigan.

En fe de lo cual, firmo y sello el presente documento a 7 de septiembre de 1990.

[Rúbrica ilegible] Secretario del condado. Condado de Muskegon.

[Aparece un sello cuadrado con la siguiente inscripción:] Por el presente certifico que esta es una reproducción fiel y auténtica del documento original registrado en la oficina del secretario del condado. Este certificado es válido solo con el sello y firma en tinta roja. [Rúbrica ilegible], secretario del condado de Muskegon.

# Certificado de Matrimonio

## Entre D. Nxxx Cxxx Bxxx y Dª. Ixxx Cxxx

Por el presente certifico que de acuerdo con la licencia anterior, las personas mencionadas en este documento han contraído matrimonio en Otto, condado de Oceana, Michigan, el quince de septiembre de 1990 en presencia de:

Rxxx Axxx                              Gxxx R. Bxxx
[Rúbrica ilegible]                     [Rúbrica ilegible]

[Rúbrica ilegible]                     Reverendo Charles Uken
Firma del juez o sacerdote             Nombre y título del juez o sacerdote

4877 South First Street New Era, Michigan 49446
Dirección postal del juez o sacerdote

Este documento original debe ser devuelto en el plazo de diez días, so pena de delito, al secretario del condado que lo expidió. Es necesario cumplimentar este requisito para que este matrimonio tenga validez legal.

[En el margen izquierdo del documento aparece la siguiente información:] Excepto en las casillas en las que haya que consignar firmas, los espacios en blanco deben rellenarse a máquina o en letra de imprenta.
De conformidad con la legislación de Michigan.

**Doña Julia Lobato Patricio, Traductora-Intérprete Jurada de inglés nombrada por el Ministerio de Asuntos Exteriores y Cooperación, certifica que la que antecede es traducción fiel y completa al español de un documento redactado en inglés. En Málaga a 11 de enero de 2012.**

Firmado: Julia Lobato Patricio

Sello de la TIJ

*Imagen 21: certificado de defunción del estado de Florida (EE. UU.). (Fuente: encargo profesional)*

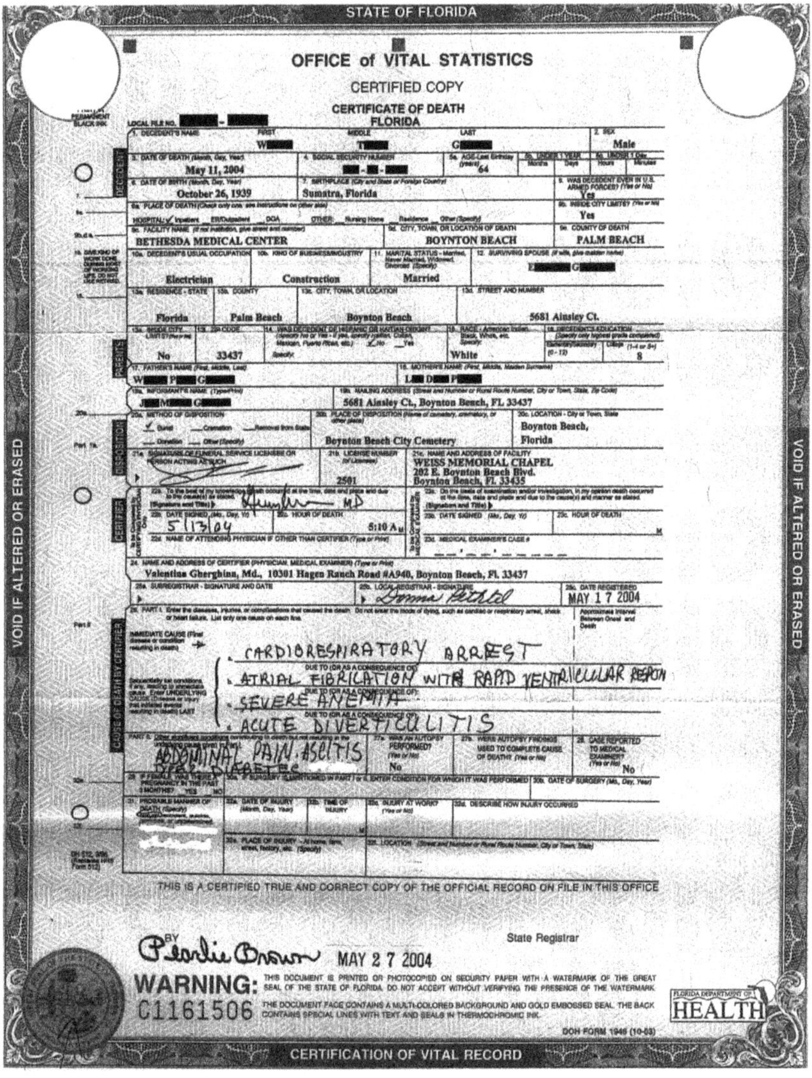

TRADUCCIÓN JURADA AL ESPAÑOL DE UN CERTIFICADO DE DEFUNCIÓN DEL ESTADO DE FLORIDA REDACTADO EN INGLÉS

ESTADO DE FLORIDA. OFICINA DEL REGISTRO CIVIL. CERTIFICA-DO DE DEFUNCIÓN. FLORIDA.

Archivo local nº: XXXX-XXXX [escrito a mano].
Datos del fallecido:
1. Nombre del fallecido: Wxxx Txxx Gxxx. 2. Sexo: hombre. 3. Fecha del fallecimiento: 11 de mayo de 2004. 4. Número de la seguridad social: XXX-XX-XXXX. 5a. Edad cumplida: 64. 5b. Para menores de 1 año: [en blanco]. 5c. Para menores de 1 día [en blanco]. 6. Fecha de nacimiento: 26 de octubre de 1939. 7. Lugar de nacimiento (ciudad y estado o país extranjero): Sumatra, Florida. 8. ¿Perteneció el fallecido alguna vez a las Fuerzas Armadas de los EE. UU.? Sí. 9a. Lugar del fallecimiento: hospital. 9b. ¿Dentro del término municipal de la ciudad?: Sí. 9c. Nombre del centro: BETHESDA MEDICAL CENTER. 9d. Ciudad, pueblo o lugar del fallecimiento: BOYNTON BEACH. 9e. Condado del fallecimiento: PALM BEACH. 10a. Profesión habitual del fallecido: electricista. 10b. Tipo de negocio/industria: construcción. 11. Estado civil: casado. 12. Cónyuge so-breviviente (en caso de ser la esposa, consignar el nombre de soltera): Exxx Gxxx [sic]. 13a. Estado de residencia: Florida. 13b. Condado: Plam Beach. 13c. Ciudad, pueblo o lugar: Boynton Beach. 13d. Calle y número: 5681 Ainsley Ct. 13e. ¿Dentro del término municipal de la ciudad?: no. 13f. Código postal: 33437. 14. ¿Era el fallecido de origen hispano o de Haití? No. 15. Raza: blanca. 16. Formación académica del fallecido (consignar únicamente el último curso completado): estudios universitarios: 8 años.

Datos de los padres del fallecido:
17. Nombre del padre: Wxxx Pxxx Gxxx. 18. Nombre de la madre (pri-mero, segundo y nombre de soltera): Lxxx Dxxx Pxxx.
19a. Nombre del declarante: Jxxx Mxxx Gxxx. 19b. Dirección postal (Ca-lle y número o número de la carretera rural, Ciudad o pueblo, Estado, Código Postal): 5681 Ainsley Ct., Boynton Beach, FL 33437.

Disposición del cadáver:
20a. Método de disposición: entierro. 20b. Lugar de disposición: Boynton Beach City Cementery [Cementerio de la ciudad de Boynton Beach]. 20c. Lugar- ciudad o pueblo, estado: Boynton Beach, Florida. 21a. Firma de la persona autorizada de los servicios funerarios o persona que actúa como tal: [rúbrica ilegible]. 21b. N° de licencia: 2501. 21c. Nombre y dirección del centro: WEISS MEMORIAL CHAPEL, 202 E. Boynton Beach Blvd., Boynton Beach, Fl.33435.

Comprobación:
22a. A mi leal saber y entender, el fallecimiento tuvo lugar en la hora, fecha y lugar señalados y debido a las causas mencionadas (Firma y título): [Rúbrica ilegible]. MD [doctor, escrito a mano]. 22b. Fecha: 13-5-04. 22c. Hora del fallecimiento: 5:10 a.m. 22d. Nombre del facultativo que le asistió en caso de ser distinto de la persona que certifica el fallecimiento [en blanco]. A rellenar por el médico forense. 23a. En base al examen y/o investigación, en mi opinión, el fallecimiento se produjo a la hora, fecha, lugar y debido a las causas y modo señalados. (Firma y título): [en blanco]. 23b. Fecha [en blanco]. Hora [en blanco]. Caso forense [en blanco]. 24. Nombre y dirección de la persona que certifica el fallecimiento (médico, forense): Valentina Gherghina, Md [Dr.] 10301 Hagen Ranch Road # A940, Boynton Beach, Fl.33437.
25a. Encargado delegado del Registro Civil. Firma y fecha: [en blanco].
25b. Encargado del Registro Civil. Firma: [Rúbrica ilegible] 25c. Fecha de registro: 17-mayo-2004.

Causa del fallecimiento consignada por la persona comprobante:
26. Parte I. Señalar la afección, lesiones o complicaciones que causaron el fallecimiento. No especificar el modo de la muerte, como parada cardiaca o respiratoria, shock o fallo cardiaco. Consignar sólo una causa en cada línea. CAUSA DIRECTA (afección o condición final que provocó el fallecimiento): parada cardiorrespiratoria [escrito a mano en mayúsculas]. Debido a (o como consecuencia de): fibrilación atrial con respuesta ventricular rápida. [Escrito a mano en mayúsculas]. Debido a (o como consecuencia de): anemia severa. [Escrito a mano en mayúsculas]. Debido a (o como consecuencia de): diverticulitis aguda. [Escrito a mano en mayúsculas].

Parte II. Otras afecciones relevantes que contribuyeron al fallecimiento pero no resultaron ser la causa directa señalada en la Parte I: dolor abdominal. Ascitis. Diabetes de tipo 2. [Escrito a mano en mayúsculas]. 27a. ¿Se realizó autopsia?: No. 27b. ¿Se utilizaron los hallazgos de la autopsia para completar la causa de la muerte? [en blanco]. 28: ¿Se ha informado del caso al forense?: no. 29. En caso de ser mujer, ¿había estado embarazada durante los 3 meses anteriores? [en blanco]. 30a. En caso de que en la parte I o II se mencione alguna intervención quirúrgica, señalar la enfermedad por la que se realizó. [en blanco]. 30b. Fecha de la intervención quirúrgica: [en blanco]. 31. Causa probable del fallecimiento (especificar) natural, accidente, suicidio, homicidio o indeterminada: natural. 32a. Fecha de la lesión [en blanco]. 32b. Hora de la lesión [en blanco]. 32c. ¿Se produjo en el trabajo? [en blanco] 32d. Describir cómo se produjo [en blanco]. 32e. ¿Dónde tuvo lugar? [en blanco]. Lugar (calle y número o número de la carretera rural, ciudad o pueblo, estado) [en blanco].

El presente es una reproducción del certificado original oficial registrado en esta oficina.

Por [Rúbrica ilegible]. 27 mayo 2004. Encargado del Registro Civil. ADVERTENCIA: este documento está impreso en papel de seguridad con una marca de agua del sello oficial del estado de Florida. No aceptar sin comprobar la marca de agua. El anverso del documento contiene un fondo multicolor y un sello dorado grabado. El reverso del documento contiene unas líneas especiales con texto y sellos grabados en tinta termocromática. C1161506. DOH Impreso 1946 (10–03). Certificado del Registro Civil.

[Descripción del documento: en los extremos superiores de documento aparecen dos círculos en blanco con las letras "FLA". Junto al círculo izquierdo aparece: "tinta negra permanente"]. [En ambos márgenes laterales del documento se puede leer: "Nulo en caso de ser alterado o borrado"].

[En la parte inferior izquierda aparece un sello dorado con una inscripción que reza: Sello oficial del Estado de Florida-Creemos en Dios]. [En la parte inferior derecha aparece un logotipo en el que se lee: Departamento de Sanidad de Florida]. [El borde del documento está decorado. El fondo es azul y rosa y posee una marca de agua. En el reverso aparecen unas líneas con texto y sellos grabados.

Doña Julia Lobato Patricio, Traductora-Intérprete Jurada de inglés nombrada por el Ministerio de Asuntos Exteriores y Cooperación, certifica que la que antecede es traducción fiel y completa al español de un documento redactado en inglés. En Rota, a 25 de enero de 2007.

Firmado: Julia Lobato Patricio

Sello de la TIJ

*Imagen 22: certificado de defunción del estado de Nuevo México (EE. UU.).*
*(Fuente: encargo profesional)*

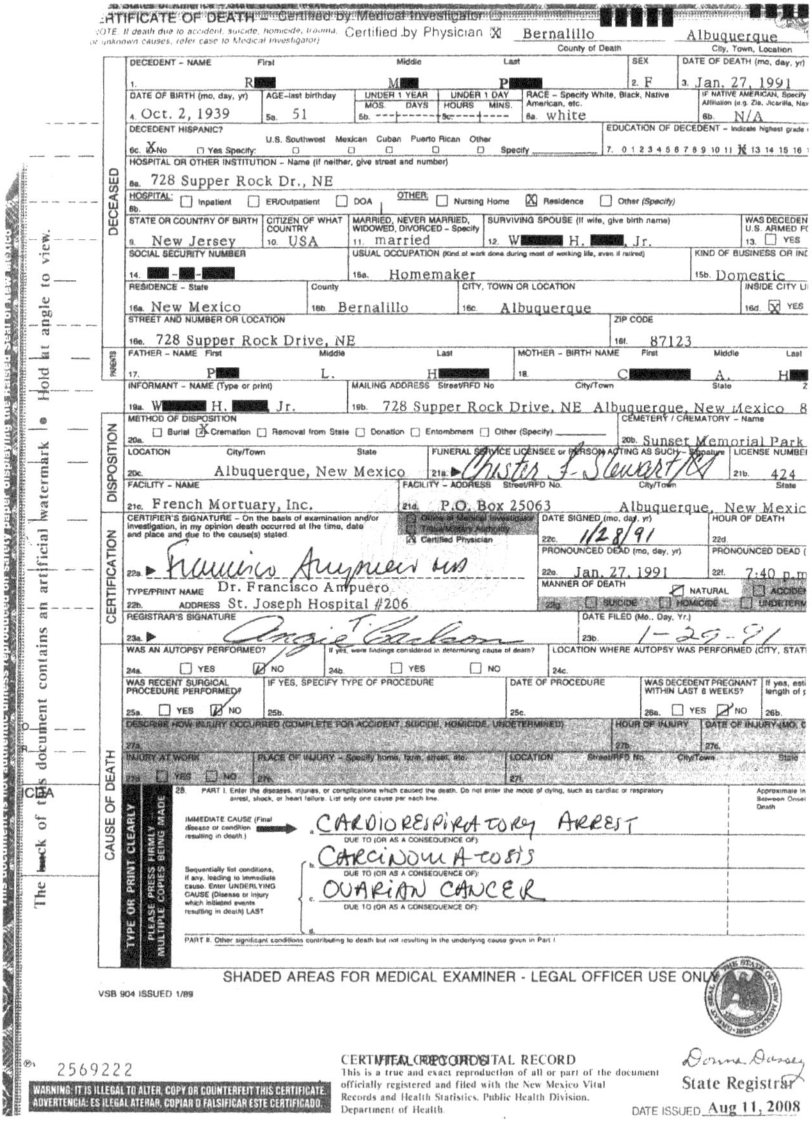

# TRADUCCIÓN JURADA
## ESTADO DE NUEVO MÉXICO

Estados Unidos de América. Estado de Nuevo México. Registro Civil. XXXXX. XXXX.

**CERTIFICADO DE DEFUNCIÓN** Certificado por el Médico, en Bernalillo, Alburquerque.

(Aviso: si la muerte se ha producido por un accidente, suicidio, homicidio, traumatismo o causa desconocida, referir el caso al Médico Forense).

DATOS DEL FALLECIDO

1. Nombre: Rxxx Mxxx PXXX. 2. Sexo: M. 3. Fecha de defunción: 27 enero 1991. 4. Fecha de nacimiento: 2 octubre 1939. 5. Edad: 51. 6. Raza: blanca. 7. Formación del fallecido. Indicar el curso más alto superado: 12[33]. 8. Hospital u otra institución: 728 Supper Rock Dr., NE. Residencia. 9. Estado o condado de nacimiento: Nueva Jersey. 10. Ciudadano de EE. UU. 11. Estado civil: casada. 12. Esposo sobreviviente: Wxxx H. Pxxx, Jr. 13. ¿Perteneció la fallecida alguna vez a las fuerzas Armadas de los EE. UU.?: No. 14. Número de la seguridad social: XXX-XX-XXXX. 15. Profesión habitual: ama de casa; tipo de negocio: doméstico. 16. Estado de residencia: Nuevo México. Condado: Bernalillo. Ciudad: Alburquerque. Dentro del término municipal. Dirección: 728 Supper Rock Drive, NE. Código postal: 87123. 17. Nombre del padre: Pxxx L. Hxxx. 18. Nombre de la madre: Cxxx A. Hxxx.

DECLARANTE

19. Nombre: Wxxx H. Pxxx, Jr. Dirección de correos: 728 Supper Rock Drive, NE, Alburquerque, New Mexico, 87123.

DISPOSICIÓN DE LOS RESTOS MORTALES

20. Método de disposición: cremación. Crematorio: Sunset Memorial Park. En Alburquerque, Nuevo México. 21. Firma de los servicios funerarios o de la persona actuando en calidad de éstos: [rúbrica ilegible]. Número de

---

33 Último curso de la enseñanza secundaria en EE. UU.

licencia: 424. Nombre de la empresa: French Mortuary, Inc. Dirección: P.O. Box 25063 Alburquerque, New México.

COMPROBACIÓN

Firma de la persona que certifica la muerte A la vista del examen y/o investigación, considero que la muerte tuvo lugar a la hora, fecha y lugar indicados y por la causa indicada. Médico autorizado. 22. Dr. Francisco Ampuero [Rúbrica ilegible] Dirección: St. Joseph Hospital # 206. Fecha de la firma: 28 enero 1991. Declarada fallecida: 27 enero 1991. Hora: 7:40 p.m. Causa: natural.

23. Firma del encargado del Registro Civil: [Rúbrica ilegible]. Fecha de inscripción en el Registro: 29 enero 1991.

CAUSA DE LA MUERTE

24. ¿Se realizó autopsia?: No. 25. ¿Sometida a intervención quirúrgica reciente?: No. 26. ¿Estaba la fallecida embarazada (o en las 6 últimas semanas)?: No. 27 [en blanco, a consignar por el médico forense]. 28. Parte I. Consigne la enfermedad, lesiones o complicaciones que causaron la muerte. No consignar el modo de morir como parada cardiaca o respiratoria, shock o insuficiencia cardiaca. Una causa por línea.

Causa inmediata (enfermedad o afección que provocó el fallecimiento): Parada cardio-respiratoria.

A continuación enumere las afecciones que provocaron la causa inmediata: Carcinomatosis. Cáncer de ovario.

Parte II: Otras afecciones importantes que contribuyeron a la muerte pero que no derivaron en la causa indicada en la ParteI: [en blanco].

[Sello amarillo en la parte inferior derecha: *Great seal of the State of New Mexico*]. [Rúbrica ilegible] Encargado del Registro Civil del estado. Fecha de expedición: 11 de agosto de 2008.

Vsb 904 expedido 1/89. 2569222.

Advertencia: es ilegal alterar, copiar o falsificar este certificado.

El presente certificado es una reproducción literal o en extracto del documento registrado en el Registro Civil de Nuevo México [*New Mexico Vital Records and Health Statistics, Public Health Division, Department of Health*].

[Sello redondo en el centro del documento: *Great Seal of the State of New Mexico-1912*].

[En el margen izquierdo: Este documento no será considerado auténtico a menos que sea reproducido en papel de seguridad con el sello en relieve de Nuevo México. El reverso de este documento contiene una marca de agua. Sosténgase por una esquina para su comprobación.

**Doña Julia Lobato Patricio, Traductora-Intérprete Jurada de inglés nombrada por el Ministerio de Asuntos Exteriores y Cooperación, certifica que la que antecede es traducción fiel y completa al español de un documento redactado en inglés. En Rota a 15 de septiembre de 2008.**

**Firmado: Julia Lobato Patricio**

**Sello de la TIJ**

# 9. Bibliografía

Andújar, G., (2007) "Técnicas de traducción jurada: un análisis contrastivo francés-castellano" en *Sendebar: Revista de la Facultad de Traducción e Interpretación*. Nº. 18, 2007, pp. 109–125 ISSN 1130–5509.

Andújar, G., (2011) "Los elementos paratextuales en la traducción jurada de documentos académicos" en *RAEL: revista electrónica de lingüística aplicada* [En línea]. Nº. 10, 2011, Asociación Española de Lingüística Aplicada, disponible en: http://www.aesla.org.es/ojs/index.php/RAEL/article/view/166 [Último acceso el 23 de enero de 2017] ISSN 1885–9089.

APETI, Asociación Profesional Española de Traductores e intérpretes, (1992) *Normas transitorias para el ejercicio profesional de los intérpretes jurados*. Madrid, APETI [No está disponible electrónicamente].

APTIJ, Asociación Profesional de Traductores e Intérpretes Judiciales y Jurados, (2017) "Código Deontológico para Intérpretes y Traductores Judiciales y Jurados" en *APTIJ* [En línea]. Valladolid, disponible en: http://www.aptij.es/img/doc/CD%20APTIJ.pdf [Último acceso el 23 de enero de 2017].

Arnaldo, E., (2010). Estado Civil. En la *Enciclopedia jurídica*. Madrid, La Ley ISBN 9788497259484.

ASETRAD [En línea]. Disponible en: https://asetrad.org [Último acceso el 21 de septiembre de 2017].

ATIJC [En línea]. Disponible en: http://atijc.com/es/default.htm [Último acceso el 21 de septiembre de 2017].

Barceló, T. e I. Delgado, (2014) "Certificados de nacimiento francófonos. Aspectos de su superestructura y traducción al español" en *Sendebar: Revista de la Facultad de Traducción e Interpretación*. Nº. 25, 2014, pp. 39–58 ISSN 1130–5509.

Barceló, T., (2009), "La aplicación de los conceptos de género, macroestructura y convenciones textuales a la traducción de testamentos franceses al español" en *Entreculturas: revista de traducción y comunicación intercultural*. [Málaga: Departamento de Traducción e Interpretación de la Universidad de Málaga], Nº. 1 (2009), pp. 207–218 ISSN 1989-5097.

Borja, A. (2007), *Estrategias, materiales y recursos para la traducción jurídica inglés-español.* Castellón de la Plana. Publicaciones de la Universitat Jaume I. Edelsa, D.L. ISBN:978-84-8021-617-3.

El Registro Civil [En línea]. Disponible en http://www.mjusticia.gob.es/ cs/Satellite/Portal/es/areas-tematicas/estado-civil/registro-civil [Último acceso el 20 de septiembre de 2017].

España. Instrumento de Ratificación de España del Convenio suprimiendo la exigencia de la legalización de los documentos públicos extranjeros, hecho en La Haya el 5 de octubre de 1961 [En línea]. *Boletín Oficial del Estado*, 25 de septiembre de 1978, N°. 229, pp. 22329–22333. Disponible en: https://www.boe.es/buscar/doc.php?id=BOE-A-1978-24413 [Último acceso el 25 de septiembre de 2017].

España. Ley 13/2005, de 1 de julio, por la que se modifica el Código Civil en materia de derecho a contraer matrimonio [En línea]. *Boletín Oficial del Estado*, 2 de julio de 2005, N°. 157, pp. 23632–23634. Disponible en: https://www.boe.es/buscar/doc.php?id=BOE-A-2005-11364 [Último acceso el 25 de septiembre de 2017].

España. Ley 20/2011, de 21 de julio, del Registro Civil [En línea]. *Boletín Oficial del Estado*, 22 de julio de 2011, N°. 175, pp. 81468–81502. Disponible en: https://www.boe.es/buscar/doc.php?id=BOE-A-2011-12628 [Último acceso el 25 de septiembre de 2017].

España. Orden AEC/2125/2014, de 6 de noviembre, por la que se dictan normas sobre los exámenes para la obtención del título de Traductor-Intérprete Jurado [En línea]. *Boletín Oficial del Estado*, 15 de noviembre de 2014, N°. 277, pp. 93877–93884. Disponible en: https://www.boe. es/diario_boe/txt.php?id=BOE-A-2014-11801 [Último acceso el 25 de septiembre de 2017].

España. Orden AEX/1971/2002, de 12 de julio, por la que se establecen los requisitos y el procedimiento para la obtención del nombramiento de Intérprete Jurado por los Licenciados en Traducción e Interpretación [En línea]. *Boletín Oficial del Estado*, 2 de agosto de 2002, N°. 184, pp. 28596–28597. Disponible en: https://www.boe.es/buscar/doc.php?id =BOE-A-2002-15637 [Último acceso el 25 de septiembre de 2017].

España. Orden de 18 de abril de 1977, por la que se desarrolla la estructura orgánica de la Oficina de Interpretación de Lenguas [En línea]. *Boletín Oficial del Estado*, 27 de abril de 1977, N°. 100, pp. 9048–9049. Disponible en: https://www.boe.es/buscar/doc.php?id=BOE-A-1977-10435 [Último acceso el 25 de septiembre de 2017].

España. Orden JUS/568/2006, de 8 de febrero, sobre modificación de modelos de asientos y certificaciones del Registro Civil y del Libro de Familia [En línea]. *Boletín Oficial del Estado*, 3 de marzo de 2006, Nº. 53, pp. 8659–8692. Disponible en: https://www.boe.es/buscar/doc.php?id= BOE-A-2006-3764 [Último acceso el 25 de septiembre de 2017].

España. Real Decreto 1497/2011, de 24 de octubre, por el que se determinan los funcionarios y autoridades competentes para realizar la legalización única o Apostilla prevista por el Convenio XII de la Conferencia de La Haya de Derecho Internacional Privado, de 5 de octubre de 1961 [En línea]. *Boletín Oficial del Estado*, 16 de noviembre de 2011, Nº. 276, pp. 118010–118015. Disponible en: https://www.boe.es/buscar/doc. php?id=BOE-A-2011-17892 [Último acceso el 25 de septiembre de 2017].

España. Real Decreto 2555/1977, de 27 de agosto, por el que se aprueba el Reglamento de la Oficina de Interpretación de Lenguas del Ministerio de Asuntos Exteriores [En línea]. *Boletín Oficial del Estado*, 8 de octubre de 1977, Nº. 241, pp. 22286–22287. Disponible en: https://www. boe.es/buscar/doc.php?id=BOE-A-1977-24564 [Último acceso el 25 de septiembre de 2017].

España. Real Decreto 381/1977, de 18 de febrero, por el que se crea en la Oficina de Interpretación de Lenguas una unidad de traducción a idiomas extranjeros y de interpretación oral de los mismos [En línea]. *Boletín Oficial del Estado*, 17 de marzo de 1977, Nº. 65, p. 6206. Disponible en: https://www.boe.es/buscar/doc.php?id=BOE-A-1977-6968 [Último acceso el 25 de septiembre de 2017].

España. Real Decreto, de 24 de julio de 1889, por el que se publica el Código Civil [En línea]. *Boletín Oficial del Estado*, 25 de julio de 1889, Nº. 206, p. 188. Disponible en: http://www.boe.es/buscar/pdf/1889/ BOE-A-1889-4763-consolidado.pdf [Último acceso el 25 de septiembre de 2017].

Gémar, J. C., (1981) "Réflexions sur le langage du droit: problèmes de langue et de style" en *Meta: Journal des traducteurs = translators' journal*. Vol. 26, Nº. 4, 1981, pp. 338–349 ISSN 0026-0452.

General Register Office [En línea]. Disponible en: https://www.gro.gov.uk/ gro/content/ [Último acceso el 20 de septiembre de 2017].

General Register Office, (2015) *A Guide for Authorised Persons* [En línea]. Disponible en: https://www.gov.uk/government/uploads/system/uploads/attachment_data/file/408482/APsGuideFebruary15final.pdf [Último acceso el 25 de septiembre de 2017].

Hague Conference on Private International Law [En línea]. Disponible en: https://www.hcch.net/es/home/ [Último acceso el 20 de septiembre de 2017].

Hurtado, A., (2001) *Traducción y traductología: Introducción a la traductología*. Madrid, Cátedra ISBN 9788437627588.

Lobato, J. y A. Granados, (2017) "La traducción jurada (inglés-español) de certificados de matrimonio: macroestructura comparada" en Martínez, A. y M. Vella (eds.) De traducción especializada. Retos traductológicos y aplicaciones profesionales (ámbitos biosanitario y jurídico). Granada, Comares.

Macías, E., (2016) "Los problemas lingüísticos en la didáctica de la traducción jurídica (inglés/francés español)" en *Revista de Llengua i Dret*. Nº. 65, 2016, p. 1–17 ISSN 0212–5056.

Márquez, L., (1997) "Orientaciones metodológicas para la certificación y legalización de las traducciones juradas" en San Ginés, P. y E. Ortega (eds.), *Introducción a la traducción jurídica y jurada (Inglés- Español)*. Granada, Comares, pp. 117–124 ISBN 9788481515565.

Márquez, L., (1997) "Orientaciones metodológicas para la realización de traducciones juradas" en San Ginés, P. y E. Ortega (eds.), *Introducción a la traducción jurídica y jurada (Inglés- Español)*. Granada, Comares, pp. 101–116 ISBN 9788481515565.

Mayoral, R., (1999) "Las fidelidades del traductor jurado: batalla indecisa" en Feria, M. (ed.), *Traducir para la justicia*. Granada, Comares, pp. 17–57 ISBN 8481519022.

Mayoral, R., (2012) "Guía para la traducción jurada de documentos de registro civil (nacimiento y defunción) del inglés al español" en *Panace@: Revista de Medicina, Lenguaje y Traducción*. Vol. 13, Nº. 36, 2012, pp. 202–228 ISSN 1537–1964.

Ministerio de Asuntos Exteriores y de Cooperación de España [En línea]. Disponible en: http://www.exteriores.gob.es [Último acceso el 2 de octubre de 2017].

Ministerio de Empleo y Seguridad Social de España. [En línea]. Disponible en: http://www.empleo.gob.es. [Último acceso el 2 de octubre de 2017].

Ministerio de Justicia de España [En línea]. Disponible en: http://www.mjusticia.gob.es [Último acceso el 21 de septiembre de 2017]

National Center for Health Statistics [En línea]. Disponible en: https://www.cdc.gov/nchs/w2w/index.htm [Último acceso el 21 de septiembre de 2017]

Reino Unido. Marriage (Same Sex Couples) Act 2013 [En línea]. *The National Archives*, 17 de julio de 2013, Chapter 30. Disponible en: http://www.legislation.gov.uk/ukpga/2013/30/pdfs/ukpga_20130030_en.pdf [Último acceso el 25 de septiembre de 2017].

Reino Unido. Marriage and Civil Partnership (Scotland) Act 2014 [En línea]. *The National Archives*, 4 de febrero de 2014, asp 5. Disponible en: http://www.legislation.gov.uk/asp/2014/5/pdfs/asp_20140005_en.pdf [Último acceso el 25 de septiembre de 2017].

Van Dijk, T., (1980) *Estructuras y funciones del discurso: una introducción interdisciplinaria a la lingüística del texto y a los estudios del discurso.* Madrid, Siglo XXI ISBN 9682326109.

# Índice de imágenes

# Índice de tablas

Studien zur romanischen Sprachwissenschaft
und interkulturellen Kommunikation

Herausgegeben von Gerd Wotjak

Band 41 María Álvarez de la Granja (ed.): Lenguaje figurado y motivación. Una perspectiva desde la fraseología. 2008.

Band 42 Kathrin Siebold: Actos de habla y cortesía verbal en español y en alemán. Estudio pragmalingüístico e intercultural. 2008.

Band 43 Germán Conde Tarrío (ed.): Aspectos formales y discursivos de las expresiones fijas. 2008.

Band 44 Carmen Mellado Blanco (ed.): Colocaciones y fraseología en los diccionarios. 2008.

Band 45 Leonor Ruiz Gurillo / Xose A. Padilla García (eds.): *Dime cómo ironizas y te diré quién eres*. Una aproximación pragmática a la ironía. 2009.

Band 46 María Cecilia Ainciburu: Aspectos del aprendizaje del vocabulario. Tipo de palabra, método, contexto y grado de competencia en las lenguas afines. 2008.

Band 47 Susana Rodríguez Rosique: Pragmática y Gramática. Condicionales concesivas en español. 2008.

Band 48 Daniel Veith: Italienisch am Río de la Plata. Ein Beitrag zur Sprachkontaktforschung. 2008.

Babd 49 Gloria Corpas Pastor: Investigar con corpus en traducción: los retos de un nuevo paradigma. 2008.

Band 50 Maurício Cardozo / Werner Heidermann / Markus J. Weininger (eds.): A Escola Tradutológica de Leipzig. 2009.

Band 51 Luis Alexis Amador Rodríguez: La derivación nominal en español: nombres de agente, instrumento, lugar y acción. 2009.

Band 52 José-Luis Mendívil Giró: Origen, evolución y diversidad de las lenguas. Una aproximación biolingüística. 2009.

Band 53 Victòria Alsina / Gemma Andújar / Mercé Tricás (eds.): La representación del discurso individual en traducción. 2009.

Band 54 Sonia Bravo Utrera / Rosario García López (eds.): Estudios de Traducción: Perspectivas. Zinaida Lvóskaya in memoriam. 2009.

Band 55 Carlos Buján López / María José Domínguez Vázquez (eds.): Centros y periferias en España y Austria: Perspectivas lingüísticas y traductológicas. 2009.

Band 56 María Azucena Penas / Rosario González (eds.): Estudios sobre el texto. Nuevos enfoques y propuestas. 2009.

Band 57 Juan Pedro Monferrer-Sala / Àngel Urbán (eds.): Sacred Text. Explorations in Lexicography. 2009.

Band 58 Gerd Wotjak / Vessela Ivanova / Encarnación Tabares Plasencia (Hrsg./eds.): *Translatione via facienda*. Festschrift für Christiane Nord zum 65. Geburtstag / Homenaje a Christiane Nord en su 65 cumpleaños. Herausgegeben von Gerd Wotjak, Vessela Ivanova und Encarnación Tabares Plasencia / Editado por Gerd Wotjak, Vessela Ivanova und Encarnación Tabares Plasencia. 2009.

Band 59 M. Belén Alvarado Ortega: Las fórmulas rutinarias del español: teoría y aplicaciones. 2010.

Band 60 Louisa Buckingham: Las construcciones con verbo soporte en un corpus de especialidad. 2009.

Band 61 Martin Mehlberg: Weil man es so sagt. Wissenschaftstheoretische und valenzlexikographische Überlegungen zu ausgewählten Aspekten der lexikalischen Variation. 2010.

Band 62 Miguel Albi Aparicio: La valencia lógico-semántica de los verbos de movimiento y posición en alemán y español. 2010.

Band 105 Giovanni Caprara / Emilio Ortega Arjonilla / Juan Andrés Villena Ponsoda: Variación lingüística, traducción y cultura. De la conceptualización a la práctica profesional. 2016.

Band 106 Gloria Corpas Pastor / Miriam Seghiri (eds.): Corpus-based Approaches to Translation and Interpreting. From Theory to Applications. 2016.

Band 107 Teresa Molés-Cases: La traducción de los eventos de movimiento en un corpus paralelo alemán-español de literatura infantil y juvenil. 2016.

Band 108 María Egido Vicente: El tratamiento teórico-conceptual de las construcciones con verbos funcionales en la tradición lingüística alemana y española. 2016.

Band 109 Pedro Mogorrón Huerta / Analía Cuadrado Rey / María Lucía Navarro Brotons / Iván Martínez Blasco (eds): Fraseología, variación y traducción. 2016.

Band 110 Joaquín García Palacios / Goedele De Sterck / Daniel Linder / Nava Maroto / Miguel Sánchez Ibáñez / Jesús Torres del Rey (eds): La neología en las lenguas románicas. Recursos, estrategias y nuevas orientaciones. 2016.

Band 111 André Horak: Le langage fleuri. Histoire et analyse linguistique de l'euphémisme. 2017.

Band 112 María José Domínguez Vázquez / Ulrich Engel / Gemma Paredes Suárez: Neue Wege zur Verbvalenz I. Theoretische und methodologische Grundlagen. 2017.

Band 113 María José Domínguez Vázquez / Ulrich Engel / Gemma Paredes Suárez: Neue Wege zur Verbvalenz II. Deutsch-spanisches Valenzlexikon. 2017.

Band 114 Ana Díaz Galán / Marcial Morera (eds.): Estudios en Memoria de Franz Bopp y Ferdinand de Saussure. 2017.

Band 115 Mª José Domínguez Vázquez / Mª Teresa Sanmarco Bande (ed.): Lexicografía y didáctica. Diccionarios y otros recursos lexicográficos en el aula. 2017.

Band 116 Joan Torruella Casañas: Lingüística de corpus: génesis y bases metodológicas de los corpus (históricos) para la investigación en lingüística. 2017.

Band 117 Pedro Pablo Devís Márquez: Comparativas de desigualdad con la preposición de en español. Comparación y pseudocomparación. 2017.

Band 118 María Cecilia Ainciburu (ed.): La adquisición del sistema verbal del español. Datos empíricos del proceso de aprendizaje del español como lengua extranjera. 2017.

Band 119 Cristina Villalba Ibáñez: Actividades de imagen, atenuación e impersonalidad. Un estudio a partir de juicios orales españoles. 2017.

Band 120 Josefa Dorta (ed.): La entonación declarativa e interrogativa en cinco zonas fronterizas del español. Canarias, Cuba, Venezuela, Colombia y San Antonio de Texas. 2017.

Band 121 Celayeta, Nekane / Olza, Inés / Pérez-Salazar, Carmela (eds.): Semántica, léxico y fraseología. 2018.

Band 122 Alberto Domínguez Martínez: Morfología. Procesos Psicológicos y Evaluación. 2018.

Band 123 Lobato Patricio, Julia / Granados Navarro, Adrián: La traducción jurada de certificados de registro civil. Manual para el Traductor-Intérprete Jurado. 2018.

www.peterlang.com